教材共有ネットワークを活かした発達支援

"誰でも使える"教材ボックス

学苑社

編 | 奈良県立奈良養護学校

著 | 高橋浩　藤川良純　西端律子
　　太田和志　鴨谷真知子

Teaching Materials Shared Network

教材共有ネットワーク

まえがき

　奈良県立奈良養護学校は、肢体不自由児と病弱児が在籍する特別支援学校です。感覚刺激を中心に学習する子どもから、通常学年の教科学習を行なう子どもまで、障害の種類や程度、実態に応じて教育が編成されています。命と向き合う子どももいれば、国体などのスポーツ大会に出場するような子どももいます。このようなさまざまな実態の子どもたちに対して、個々に応じた学習を進めていくためには、さまざまな種類、さまざまな用途の教材や教具が必要となってきます。すべてを揃えるのは決して簡単ではありません。学習に必要な教材をどのように準備し、どのように活用していくのかが本書のテーマとなります。

　特別支援教育が社会に浸透し進化していく中で、市販されている教材・教具が驚くほど充実してきました。学校には毎年厚さが5cmにもなるような教材カタログがいくつも届きます。素晴らしい教材が満載で、「あれもほしい」「これがあれば」と思えるものがいっぱいあります。教材カタログは夢のような本です。でも購入するための予算がありません。学校で使っていくには、数も必要となります。開校時には、教材も予算化され、モンテッソーリ教材やさまざまな木製パズル教材なども揃っていましたが、開校以来35年の年月の中で壊れたり、パーツがなくなったりして、使えるものはほとんど残っていません。また、開校当時と子どもたちの実態が重度化し大きく変わってきていますので、現実には学校の教材で使えるものはほとんどなくなっているのが現状です。

　では、どのようにして学習を進めているのでしょうか？　教員としては子どもを目の前にして授業を進めないといけないので、必要なものは自分で準備することになります。子どもの様子と目的に合わせて市販の教材を購入するか、教材を考え自分で作るかになります。多くの場合は市販教材が高価だったり、ピタッと合わなかったりすることから、自分で作ることが多くなります。

　そのときはそれでいいのですが、担当者が代わると指導がつながらなくなったり、また新たな教材を作らないといけなくなったりします。教材を作るにしても、経験が浅いと何を作ればいいのかわからなかったり、作り方がわからなかったりします。このように自分で教材を準備することにも課題があります。

　奈良養護学校では、2011年度より自立活動の充実に向けた取り組みを進めてきました。そのひとつに教材室の整備と教材開発がありました。それまでの教材室は持ち主のわからない物、壊れて使えなくなった物で溢れていました。教材室の整備は、すべての物を

外に出し、からっぽになった部屋に23台のスチール棚と大型教材用の棚を作り込む所から始めました。夏期休業を利用し職員で協力して進めても半月近くかかりました。元々あった教材はほとんど廃棄することになりました。広々とした教材室とガラガラの棚は、これからの可能性を感じさせてくれる空間でした。みんなが同じように感じたのか、各自でこれまで使ってきたたくさんの教材の提供を受けました。本当にありがたいことでした。

　棚に整理するとき、どのように整理すると使いやすくなるのかで取り入れたのが、「感覚と運動の高次化理論」でした。そこで示される発達水準に沿って教材を配置していくことで、発達の流れに即して教材を配置することができ、使いやすくなりました。理論のことがわかっていなくても、棚の前に立ち教材を見ているだけで何となく発達の流れをイメージできるようになりました。また、教材を棚に配置していく作業自体が発達水準の勉強になりました。ことばでの理解を具体的教材の中で検証していく作業は、単に分類できるようになるだけでなく、考え方の本質の理解につながるものでした。

　教材の分類が進んでいく中で、教材のデータベース化の構想が生まれてきました。いちいち教材室に教材を探しに行かなくてもパソコン上で必要な教材を検索できれば、さらに効率的に活用できるようになるのではとの思いからです。どうせデータベース化するのであれば、教員が家庭でも教材を確認できるようにホームページの中に組み込んでいくことになりました。構想の段階では一般公開という考えによるものではなく、奈良養護学校の教員にとって使いやすいのではという発想でした。公開後いろいろな方々からデータベースの話をうかがい、広く活用されていることがわかりました。教材のデータベース化と教材開発のために、費用面ではパナソニック教育財団より一般助成をいただくことができ、無事完成させることができました。このデータベースにつきましては、奈良養護学校のホームページで今でも閲覧することができますのでご覧ください。

　ホームページで公開すると反響を呼んだのは、意外にも特別支援学校ではなく、作業所や放課後等デイサービスの施設や保護者の方々でした。学校への問い合わせや見学の依頼も増えました。ニーズは特別支援学校だけではないことに気づき、本来誰もが使える発達支援ツールの情報は、もっと共有し合えるようにすることが、社会的にも求められていることなんだと思いました。そこで奈良養護学校だけでなく、いろいろな学校や施設、事業所や家庭からの情報発信の場となるサイトができないかとの思いから教材共有ネットワークの構想が生まれてきました。ただ、そこには大きな技術的な壁がありました。そこでフラッシュ教材の共同開発を行なっていた畿央大学の西端律子教授に相談したところ、東大阪大学短期大学部の太田和志先生、鴨谷真知子先生をご紹介いただき、共同して進めていくことになりました。そのための研究資金面では、パナソニック教育

財団の特別指定をいただき、幅広い研究活動を展開することができました。西端先生、太田先生、鴨谷先生の発想、デザイン、技術の力はサイト作りの大きな力となり、教材共有ネットワークの構築につながりました。心から感謝しています。多くの方々に利用していただき、さまざまな情報交換ができる場としてこれからサイトの充実を目指していきたいと思っています。

　このプロセスの中で、太田和志先生がご逝去される事態となりました。この場をお借りしまして心よりの感謝とご冥福をお祈りしたいと思います。そして太田先生が残してくださったこのサイトを充実させていくことが自分たちの使命と考え取り組んでいきたいと思っています。

奈良県立奈良養護学校　高　橋　　浩

目　　次

まえがき

第1章　子どもの成長と発達について
　1　発達の捉え方……………………………………………………………8
　2　感覚と運動の高次化理論とは…………………………………………14
　3　感覚と運動の高次化理論における発達の見方………………………14
　4　発達水準について………………………………………………………19
　5　アセスメント・チェックリスト………………………………………27

第2章　発達に応じた教材70とその材料66
第Ⅰ層　「初期感覚の世界」の学習に使いやすい教材……………………30
　1　リモコンマッサージ／2　卵入れマラカス／
　3　ゆらゆらガチャガチャ遊び／4　回転カーラー／
　5　スライディングスティック／6　ふわふわ扇風機／7　テーブル琴／
　8　刺激の大きな感触遊び／9　ハンド鈴／10　輪滑り／
　11　ビー玉転がしトレイ／12　湯たんぽでガチャガチャ／
　13　ガチャガチャ洗濯板／14　テーブル用ゴム付きボール／
　15　スライディングボート／16　ジッパー／17　デコレーションボール並べ／
　18　ダボペグ入れ／19　先っぽつまみ棒さし／20　木玉つまみだし／
　21　ビー玉落とし／22　○□型はめ／23　パイプ入れ／24　パイプ通し／
　25　白黒ボタン並べ／26　白黒ボタン分け／27　木のビーズ滑らし／
　28　洗濯ばさみ外し／29　ぎゅっと棒さし／30　ボタン並べ／31　台付き串さし／
　32　ビーズやそろばんの玉さし

第Ⅱ層　「知覚の世界」の学習に使いやすい教材……………………………46
　33　マグネット貼り付け／34　ピンポン球ツリー／35　色並びの模倣練習／
　36　紙粘土型はめ／37　同じもの集め／38　2分割絵合わせ／
　39　同じ場所を探せ／40　同じ配色のもの選び／41　絵合わせ／
　42　コイン入れ／43　木のボルト・ナット／44　玉落とし取っ手付き／

45　3分割絵合わせ／46　紙コップ分類／47　カラーコイン並べ／
　　48　どこに隠れていますか？／49　三角形を探せ／50　同じものを探せ

　第Ⅲ層　「象徴化の世界」の学習に使いやすい教材……………………………………55
　　51　マグネット位置合わせ／52　関係するもの集め／53　フェルト大根／
　　54　同じようなもの集め／55　4面絵合わせ／56　色ブロック並べ／
　　57　見立て遊び（ままごと用）／58　見立て遊び用角材／59　違うのはどれかな？／
　　60　ジェスチャーゲーム

　第Ⅳ層　「概念化の世界」の学習に使いやすい教材……………………………………60
　　61　同じ組み合わせはどれかな？／62　あいさつのことば／
　　63　絵を見て考えよう／64　感情を表すことばの理解／65　音韻数の学習／
　　66　一文字ことばの学習／67　場面に合ったセリフを考える／
　　68　二文字のことば／69　しりとり／70　文作り用イラスト

　材料として使う格安グッズ……………………………………………………………………65
　製作に使用する工具やツール…………………………………………………………………74
　100円ショップ以外の格安材料………………………………………………………………75

第3章　指導事例

　事例1　笑顔がキラリ輝く毎日に
　　　　Ⅰ水準　感覚入力水準の例［今ある動きを活用した指導］………………………78
　事例2　自分の身体と仲良くなること
　　　　Ⅱ水準　感覚運動水準の例［自分の身体に向きあいながら進めた指導］………87
　事例3　すごい！　自分で食べられたね
　　　　Ⅲ水準　知覚運動水準の例［多方面からのアプローチを組み合わせた指導］…101

第4章　奈良養護学校での取り組み

　1　教材室の整備……………………………………………………………………………114
　2　感覚と運動の高次化理論の導入………………………………………………………117
　3　確かな学びを育む授業づくり…………………………………………………………120

第5章　デジタル教材とテクノロジーによる支援

　　1　デジタル化による支援……………………………………………………126
　　2　デジタル教材のメリットとデメリット…………………………………127
　　3　デジタル教材の開発事例…………………………………………………128
　　4　テクノロジーによる支援…………………………………………………130

第6章　教材共有ネットワークとの連携

　　1　教材共有ネットワークについて…………………………………………134
　　2　教材共有ネットワークの使い方…………………………………………135

あとがき
著者紹介

第1章

子どもの成長と発達について

1 発達の捉え方

(1) 発達の基本的な流れ

　ここでは、「発達」を感覚の育ちと運動の育ち、それとその2つをつなぐ処理システムや処理能力の育ちと捉えて話を進めます。この考え方は、「感覚と運動の高次化理論」を基盤として整理されてきたものです。「感覚と運動の高次化理論」を解説するものではありませんが、「感覚と運動の高次化理論」を学ぶ参考にしていただければと思います。

　感覚と運動の関係として、最初は感覚と運動が別々に使われています。感覚を使うときは動きが止まり、運動に集中すると感覚が入りにくくなるといった具合です。それが、鈴を持って「振れば鳴る」に気づき、「鳴らすために振る」というような因果関係理解が進む中で、感覚を求めて運動を調整するようになり、その関係は次第に複雑で高度なものへと変化していきます。そして、そこに思考が生まれ情報を処理する機能が明確になっていきます。その関連の中から考える力が育ち、より高度な操作や処理ができるようになるという流れになります。

　発達については、障害がある、なしにかかわらず、基本的な流れや構造は同じではないかと考えています。ただ、個々により感覚の使い方や得意とする感覚が違ったり、興味や関心、考え方や処理の仕方が違ったり、身体や手先の使い方、発音の仕方が違ったり、それぞれ特徴があります。その違いを認識し、それぞれに応じた対応を進めていくことで、より的確な対応や発達支援が可能になると考えています。感覚をいかに使いこなすことができるか、運動をいかに調整することができるか、処理をいかに適切に行なうことができるか、それぞれが高次化していくとともに、そのつながりも高次化していくことで、成長や発達へとつながっていきます。

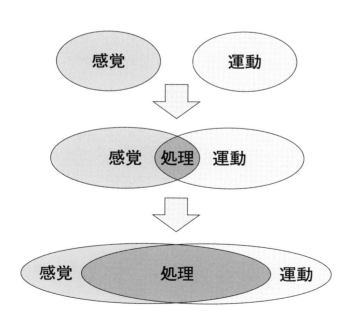

(2) 人に備わっている感覚

　一般的に言われている五感とは、視覚・聴覚・臭覚・味覚・触覚です。これらの感覚は外界の情報を取り入れるという大きな役割があります。取り入れた情報から危険を感知して、身体や命を守ろうとする運動や機能が働いたり、感覚から得られた情報を基に、対象の理解を深めていったりすることができるようになります。

　一杯のラーメンを基に考えてみましょう。私たちはラーメンと出会い、食べることでラーメンとはどのようなものかを体験的に理解していきます。形や色合い、食べるときの音、湯気の香りやスープの味、麺の感触や熱さ、そうした情報を総合して、ラーメンとはどのようなものなのかを理解していきます。そのときには、五感が総動員され、それぞれの感覚がより細かな部分まで感じ分けられることによって理解が深まります。

　ラーメンを深く理解しようと思うと、ラーメンへの強い思いが必要となります。何の関心もなければ、理解は深まりません。スープの素材、麺の太さや形態、トッピングの具材、入れる器など、思いがあれば深い探求が際限なく広がっていきます。それが喜びでもあり楽しさでもあります。

　五感から得られる情報は、思いを育むものであり、意欲を生み出すものでもあります。

(3) 発達に大きく影響する感覚（感覚と運動の高次化理論より）

　感覚と運動の高次化理論の中では、次の5つの感覚に注目します。

　中でも前庭感覚、固有感覚、触覚は初期感覚とも呼ばれ、重症心身障害児の子どもたちにとっても入りやすい感覚です。前庭感覚や固有感覚は、身体についての情報を提供してくれます。姿勢保持や運動発達の基盤ともなる感覚です。抱っこしたり身体を揺らしてあげると赤ちゃんは喜びますが、そのときの感覚が前庭感覚や固有感覚です。触覚は温度や対象の感触など、触れることにより外部情報を感じることのできる感覚です。

> 前庭感覚→揺れ、傾き、回転、加速など
> 固有感覚→筋肉や関節からの情報
> 触覚→触れたときに起こる感覚
> 聴覚→耳で感じる音の情報
> 視覚→目で感じる光の情報

聴覚や視覚は、離れた所の情報を得る感覚で膨大な量の情報を扱うことができ、学習の基盤ともなる感覚です。特に視覚情報は、情報の取り入れや処理が複雑で高度なものであり、活用できるようになるためには時間や一定の発達が必要となります。

(4) 動物や人間の学び

　人間だけでなく、動物も含めて生まれてきたときは何もできないような状態ですが、それが確実に学習を積み上げて発達していきます。学習を支える機能として、人間には次のような力が生まれつき備えられているとされています。
　ここに示す反応は、生まれつき持っている生得的反応として知られています。

> 定位反応→刺激に意識を向ける反応
> 探索反応→刺激が何かを探る反応
> 欲求反応→知りたい欲求、したい欲求
> 模倣反応→まねることで効率的学習
> 愛着反応→人への思い、安心を学ぶ
> 連帯反応→人とつながること、連帯感

　定位反応の代表的なものは音源定位です。音が聞こえてくる方向や場所を定める反応で、身を守る保護的役割もありますが、そこへ意識を向けることで、それが何であるかの学びにつながっていきます。それが何かを考えるのが探索反応ということになります。意識だけでなく注意を向けることで、理解を促します。わかってくるともっと知りたいという欲求反応が出てきます。さらに深く考えを進めることができ、それが意欲や学びを高めていきます。
　模倣はとても効率的な学習方法です。背景や理屈はわからなくても、まねることにより余分な試行錯誤を省くことができます。動作やことばの学習は、まねることから始まると言っても過言ではなく、さらには適応方法や考え方などもまねることで学ぶこともできます。
　愛着反応により、人への思いや安心感を自然に身につけることができます。安心感は心理的安定ともつながり、効果的に学習を進める基盤ともなります。連帯反応は、人とのつながりを生み出すもので社会生活を営む上でも重要な役割を果たします。
　感覚の過敏などがあると、うまく刺激を受け入れることができず、成長や発達に影響してしまうことがあります。感覚をうまく使いながら、これらが相互にかかわりあい、育ち合っていくことでバランスの取れた確かな発達へとつながっていくと考えています。
　また、こうした機能が効果的に働くためには、心理的に安定してることが重要であると考えています。興奮したり、イライラしたりしているような状態では、過剰に反応したり、情報を受け入れることができなかったりして、効果的な学習にはつながっていきません。これでは、学習はなかなか進みません。では、心理的安定はどのようにしてもたらされるのでしょうか？　これを考えるときに、逆に不安定になるときを考えてみるとわかりやすいと思います。1つの図にまとめてみました。

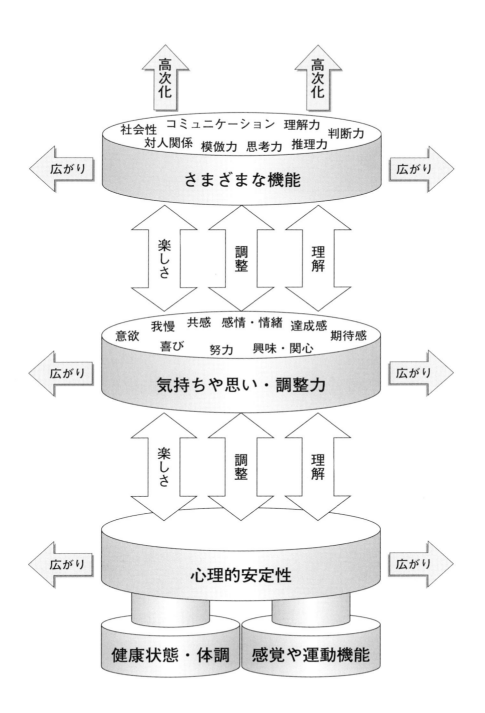

第1章 子どもの成長と発達について　11

(5) 落ち着いて学習ができること

　子どもたちと向き合っていると、特に対応が難しく感じることがあります。それは、子どもが興奮したり、パニックになっているようなときです。泣き叫んでいる様子を見ていると、うまく対応できない自分の力のなさを痛感してしまいます。そのような状況の中で何か学習を進めようとしても、なかなか学習に集中することはできません。心理的に安定していることが、学習を進めるための基盤になるとつくづく感じます。

　では、心理的に安定する、落ち着いて学習ができるためには、どのようなことが必要なのかを考えてみたいと思います。どうすれば心理的安定に至るのか、落ち着くことができるのかを考えるためには、どんなときに不安定になり落ち着けなくなるのかを考える方が考えやすいと思います。それはどんなときでしょうか？

　まずは、体調だと思います。お腹が痛かったり、睡眠不足だったりする場合はどうでしょうか。また、感覚過敏などで苦手意識があり、走るのが苦手なときの徒競走はどうでしょうか。気持ちにも余裕がなくなり、不安になってしまうのではないでしょうか。まずは、体調や気持ちの余裕などが安定のためには必要なことだと思います。

　体調が良好であれば、いろいろな活動に取り組めるでしょうか？　なかなかそうはいきません。では、うまく向き合えない背景にはどんなことがありますか？

　訳のわからない活動はどうでしょうか？　つまらない活動はどうでしょうか？　積極的に参加するのは難しいと思います。活動がわかること、楽しめることが、積極的な参加の原動力となると思います。でもそれだけでは、なかなか広がっていきません。ちょっと我慢できること、気持ちを調整できることも大切です。すこし我慢ができることで、新たな理解や楽しみの発見につながるかもしれません。その経験がさらに調整する力を高めていくことになっていくのではないかと考えています。

　活動に参加することで、できたという喜びや達成感を感じるようになり、それが興味・関心、意欲や自信を生み出しさらなる調整力につながっていき、活動への気持ちや思いが育ってきます。

　強い気持ちや思いが育つことで、積極的、主体的に活動に向き合い、活動から学んでいく力となります。強い思いが、考える力や操作する力、相手とのコミュニケーションの力など、さまざまな機能の発達につながっていくことになります。言い換えれば、気持ちや思いが育っていない状態で、さまざまな機能の獲得を目指そうとしても難しいと思います。活動に求められるのは、そこに楽しめる要素、理解する要素、調整する要素が含まれているかどうかではないかと考えています。

(6) 実践場面で見られる「理解」「楽しさ」「調整」

　活動を進めていく上で、その活動の要素として、理解すべき内容があること、楽しいと思えるようなものであること、ちょっとがまんするなど調整的要素があることが、思いを育み学びへつないでいくために必要であると考えています。ではこの３つの領域について、どのような事柄が該当するのでしょうか？　実践場面を思い浮かべながら整理してみました。

理解の領域	楽しさの領域	調整の領域
・場所の理解	・前庭刺激	・目と手の協応
・空間の理解	・視覚的刺激	・聴覚音声連合
・環境の理解	・聴覚的刺激	・呼びかけへの応答
・活動の理解	・固有受容覚刺激	・指示の受け入れ
・他者の理解	・皮膚感覚的刺激	・着席行動
・リーダーの理解	・触覚刺激	・テンポの調整
・保護者の理解	・身体運動による発散	・リズムの調整
・友だちの理解	・歌唱による発散	・動と静の調整
・素材の理解	・楽器演奏による発散	・動きの調整
・題材の理解	・他者との調和	・巧緻動作の調整
・音楽の理解	・動きの調和	・力加減の調整
・ルールの理解	・音声の調和	・行動の修正
・流れの理解	・達成感	・繰り返し
・動き、動作の理解	・満足感	・無理のない休憩
・活動方法の理解	・責任感	・ルールを守る
・集団の理解	・他者からの賞賛	・衝動の抑制
・関係性の理解	・やりとり	・相手の思いに合わせる

2　感覚と運動の高次化理論とは

　感覚と運動の高次化理論は、「障害のある子どもの発達を理解し、支援すること」に関する理論と診断システムで、淑徳大学発達臨床研究センターにおいて、故宇佐川浩先生が中心となりまとめられた理論です。この理論の大きな特徴は、1972年から40年近く、のべ900名を超える障害幼児に対する臨床活動と研究が基になっている点です。実際の臨床実践が背景にあるため、理論の内容から指導場面が想像しやすくなっています。また、初期感覚での受容が中心の最重度の子どもから、高機能や学習障害の子どもまで、幅広い事例の発達経過を詳細に検討することで生まれてきた理論であるため、多様な子どもたちの発達に対応することができます。

3　感覚と運動の高次化理論における発達の見方

　感覚と運動の高次化理論における発達の見方を整理すると次のような点に特徴があります。

(1)　感覚と運動のつながり方を発達的に捉える
　初期感覚、視覚や聴覚といった感覚により外界を捉え、運動表現を用いて外界へ働きかけるプロセスの成立を、発達段階や発達領域の関連性に重きを置いて整理しています。そのため、発達の構造やメカニズムがわかりやすくなっています。

(2)　発達の全体性の理解
　発達を領域ごと別々に見るのではなく、「知恵（認知）」「自己像」「情緒」「姿勢・運動」の４領域の絡みの中で考えていきます。この４領域がバランスよく発達していくことで、調和的発達につながると考えています。そのため、感覚と運動の高次化理論において発達のつまずきとは、この４領域での遅れやアンバランスさによるものと捉えています。

　このように発達を多様な側面からの絡みの中で捉え、その構造や関係を示しているのが、こ

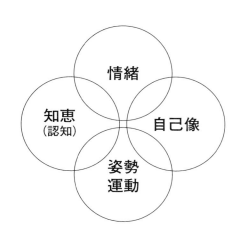

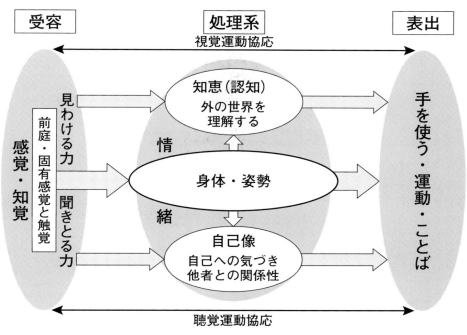

発達臨床としての子ども理解（宇佐川，2006）

の理論の大きな特徴です。

その関連性をさらに詳細に示したものが上図になります。まず、発達を感覚入力系（受容）、処理系、運動表出系（表出）のつながりの中で考えます。

見わける力（視知覚）、聞きとる力（聴知覚）は外界の情報を得る中心的役割を果たします。しかし、その基礎的感覚として、前庭感覚、固有感覚、触覚があり、自身の身体・姿勢への気づきとつながりやすく、それが知恵や自己像の育ちの中核となっていきます。また、初期的感情や情緒、思いを育む中心にもなります。外界への思いの育ちが、情報を吸収するエネルギーとなります。これらの感覚のつながりがはっきりすることで、さまざまな情報の処理、統合が可能になり学びが広がります。

発達初期の段階では、感覚を通して快・不快といった感情が生まれ広がっていくことも大切な節目です。その中で自分の身体への気づきだけでなく、自分の気持ちへの気づきが始まります。また、外の世界の理解（知恵）が育つことは、他者への気づき、他者と向き合う力にもつながります。他者と向き合うことは自分自身を作るプロセスでもあり、自己像をより確かなものにしていきます。つまり、発達初期における自己の身体への気づきが自分と同じような存在としての他者理解につながり、対人関係を形成するた

めの基盤となるということです。

　感覚と運動の高次化理論では、運動表出系を手先の運動と粗大運動、ことばの3点を中心にまとめています。ここではことばを発声という運動として、また外界へ働きかける表現の一つとして位置づけています。この構造のつながりを理解することで、子どものつまずきがどこの領域、どの段階で表れているのかを知る手がかりになります。

(3) 発達水準と個人内差の理解

　感覚と運動の高次化理論では、発達の段階を4層8水準に整理して考えます。

　大まかに第Ⅰ層は初期感覚（前庭感覚、固有感覚、触覚）を中心に物事を確かめている段階、第Ⅱ層は目や耳での情報処理と運動がつながっていく段階、第Ⅲ層は象徴機能の高まりとことばの理解が芽生えていく段階、第Ⅳ層はことばの世界が広がり物事を概念化していく、同時に文字や数の理解が育つ段階となっています。

　また、第Ⅰ層を3つの水準に、第Ⅱ層を2つの水準に、第Ⅲ層はそのまま1つの水準で、第Ⅳ層は2つの水準に分けて捉えることができるようになっています。水準ごとに整理することで、その水準が発達の横への広がりを内包していること、また8つの水準のつながりが発達の縦への流れを示していると思います。

　個人内差については「感覚と運動の高次化発達診断評価法」に基づき、右に示した領域ごとの診

第Ⅰ層　初期感覚の世界　初期感覚が優位	Ⅰ水準　感覚入力水準
	Ⅱ水準　感覚運動水準
	Ⅲ水準　知覚運動水準
第Ⅱ層　知覚の世界　目や耳の育ち	Ⅳ水準　パターン知覚水準
	Ⅴ水準　対応知覚水準
第Ⅲ層　象徴化の世界　イメージとことばの育ち	Ⅵ水準　象徴化水準
第Ⅳ層　概念化の世界　文字や数概念形成	Ⅶ水準　概念化1水準
	Ⅷ水準　概念化2水準

感覚入力系	処理系	運動表出系
基礎視知覚	視覚運動協応	手先の運動
細部視知覚	知恵	
全体視知覚	情緒	粗大運動
基礎聴知覚	自己像	
細部聴知覚	聴覚運動協応	発語
全体聴知覚		

感覚と運動の高次化発達診断モデル

断項目を評価することで、調べることができます。

(4) 発達は横に広げることが大事

　発達の原動力は「できる」「わかる」体験だと思います。そこから興味を生み出し、自信を生み出し、意欲を生み出していきます。「できる」「わかる」体験の積み重ねの中で、「もっとできるようになりたい」「もっとわかるようになりたい」という思いが育ち、その探求したい欲求が課題や困難を乗り越えていくエネルギー源になります。

　I水準の子どもであれば、II水準の課題を行ない、縦に伸ばしていきたいという思いに駆られます。発達とは次の課題に取り組むことだけでなされるのではなくて、今「できること」「わかること」に少しずつ変化をつけながら、継続して取り組んでいくことが大切です。力を貯めこみ、その中から次へのステップが自然と生まれてくるような感じです。確実な積み重ねが次へのステップアップにつながると考えられます。

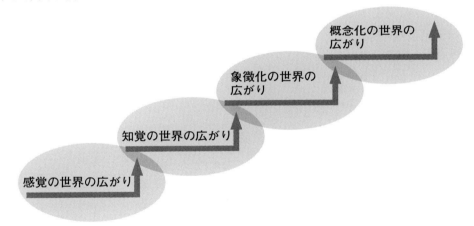

　実際の学習場面では、十分に貯めこむことを意識して横方向への学習を広げていくと、あるとき急に動きや操作が変化していったり、ことばがついてきたりすることがあり、次の段階へのステップアップを感じることがあります。

　横への広がりとは、同じ課題を同じように繰り返すのではなく、同じ課題でも使い方や手順を少しずつ変えてみたり、内容を少し変えて同じような課題を使っていくことです。「できる課題」に「できそうな課題」を加えていきながら「できる課題」を増やしていきます。おそらく「できそうな課題を選択する」ということに悩まれるかと思いますが、ここで重要なポイントは各発達水準の理解や発達の道筋を概ね把握しておくこと、それを踏まえてその子にとっての次に目指すべき姿を想像することです。

　「できる」「わかる」経験が自信や意欲を生み出し、「少し難しい課題にも挑戦してみよ

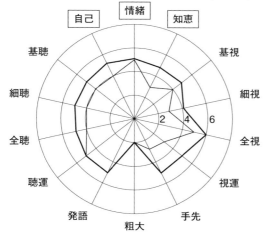

発達診断レーダーチャート（宇佐川，2001）

う」という気持ちを引き出していきます。そして、その課題を解決できたときには、しっかり褒めてあげましょう。そうすることで、さらなる自信や意欲へと展開していきます。誰しもうまくできたときは、見てほしかったり褒めてほしかったりするものだと思います。そこで生まれた思いが次へのステップのエネルギーとなります。

また個人内差は、左のような発達診断レーダーチャートで表すことができ、定期的に診断することで、成長の状態を視覚的に確認することもできます。

知恵の到達水準をその子どもの基本水準とし、それを基準にどの領域が苦手で、どこが得意なのかを一目で確認することができます。こうした診断を通して、学習課題を設定していくことで、一定のエビデンスを示すことができると考えています。

(5) 発達支援のためのかかわり方

応答的かかわりと主導的かかわりについて、それぞれの特徴をまとめると次のようになります。

○応答的かかわり
・子どもにすばやく反応し、応答する。
・子どもの小さなサインを見逃さず、子どものリズムに合わせる。
・今の子どもの行動や気持ちを代弁し、大人がやりとりを楽しむ。

○主導的かかわり
・大人が子どもの発達段階や特性、特徴や性格に配慮した適切な指示を示していく。
・やりたいことと、他者に合わせることの折り合いを本人がつけていくことになり、自己調節能力が高められる。

※主導性と応答性のどちらかに引っ張られすぎても誤学習が起きやすい。
※応答と主導のバランスが大切。

4　発達水準について

Ⅰ水準　感覚入力水準　「感覚をしっかり活用しよう」

学習活動のポイント

まずは身体の感覚（揺れ、動き、触覚）から感覚遊びを楽しめるようになることが大切。楽しむ力が次のステップへの力となる。

楽しめるようになるには、その感覚に気づくことが必要であり、気づきやすい所からスタートする。感覚の質や量、条件などをいろいろ工夫し、まずは気づいてもらう。

　　刺激大→興奮→内へ→こだわり
　　刺激小→集中→外へ→興味

といった傾向がある。弱い刺激でもしっかり感じたり、なくなったことに気づいて要求がでてくるようなかかわり方を工夫すると学習活動として展開しやすくなる。

しっかり感じているときは動きが止まり、動きの激しいときは感じるのが難しい。

目的行為のために姿勢やポジショニングの工夫も必要となる。教員にも子どもにも、心や身体に余裕が必要。

気をつけたいこと

刺激の強い教材や応答性の高い教材には、入り込み過ぎて外界を遮断してしまうことがある。

終点のない教材だと終わりがわからず、長く遊び過ぎる傾向がある。興味のある教材だけにならないように配慮が必要となる。

提示の仕方やかかわり方の工夫で気づきや遊び方も変わってくる。

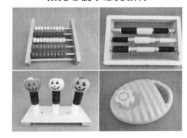

指先を使う感覚教材

吊り遊具いろいろ

振動系の感覚教材

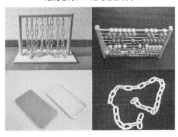

触覚系の感覚教材

Ⅱ水準　感覚運動水準　「因果関係理解」（振れば鳴るんだ）

学習活動のポイント

「叩けば音が聞こえる」というように最初は運動に感覚がついていく状態から次第に、「音が聞こえるから叩く」と感覚が運動を起こさせるように因果関係の理解が進んでいく。

運動に対して感覚的な気づきが生まれ、感覚を求めて運動を起こすようになり、主体的遊びが生まれてくる。

楽しいと思えることがさらなる運動を呼び起こし、新たな気づきや感覚を学習していく。いかに気づかせ、いかに楽しめるようにするかが学習のポイントとなる。

Ⅰ水準では、初期感覚（揺れや動き、感触）が入りやすかったが、Ⅱ水準になってくると聞く力や見る力の芽生えも見られるようになってくる。特に聴覚については、興味も広がりやすく外界からの情報として使いやすくなる。

好きな音や音楽が見られるようになる。

動かすと音や振動とつながる

感触の音のつながり

気をつけたいこと

感覚と運動をつなぐことが課題になるが介入が多すぎるとつなぐ機会を奪ってしまうことにもなる。主体的に気づき運動を起こしていくことが重要であり、刺激への気づきや探索動作を待つことも大切である。

気づき、探索しながら学習することを覚え、興味が視覚の活用を促す。

応答性の高い教材

Ⅲ水準　知覚運動水準　「始点・終点の理解、目と手の協応」

学習活動のポイント

「見ながらボールを穴に入れる」ような目と手の協応が見られるようになってくる。見ながらやり方を工夫するといった、感覚による運動の制御がはっきりしてくる。また、始点・終点の理解が進み、特に終点を理解することで、達成感や満足感を得られるようになり、それがやりたい思いや意欲へとつながっていく。終点がはっきりすることで、何なのかの情報確認ができるようになり、知覚や認知へとつながる。

始点・終点の理解が進むことで興味が明確になり好き嫌いが生まれてくる。好きなことを繰り返し楽しむことができるようになり、感じ方や学び方、楽しみ方に一定のパターンが生まれてくる。

また、見えなくなってもそこにあるといういわゆるイナイイナイバー（物の永続性の解）が進み、「ある、なし」といった簡単な弁別ができるようになる。

気をつけたいこと

物を見させようとして目の前に近づけたり、無理に見させようとしたりするが、これではなかなか見ない。見たくなるよう興味をもたせることが必要。

始点・終点の理解では、終点の理解が曖昧なまま次へ進んでいる子が多い。終点の理解の前に始点を繰り返してしまっているケースが多い。

目と手の協応の課題

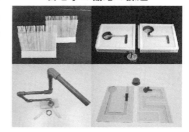

始点・終点の理解の教材

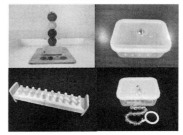

合わせる練習の教材

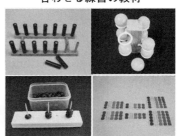

物の永続性の理解

簡単な弁別（どっち？）

Ⅳ水準　パターン知覚水準　「情報の蓄積、弁別、物に合わせる」

学習活動のポイント

　見る力、聞く力、見分ける力、聞き分ける力が育ち、同じ物としての弁別の力も育ってくる。人の声や楽器の音の聞き分けができたり、色や形、物の大小といった見分けができたりする。

　好き嫌いの思いの育ちの中から得意なことをパターン的に繰り返して遊んだり、操作したりするようになり、そのパターンを使っていろいろな物の情報をため込んでいく時期でもある。

　興味の広がりから「これは何？」が増え、さかんに情報を吸収しようとする。帽子や靴といった仲間集めができるようになり代表性の理解が始まる。

　聞く力も育つため、名前と物のつながりも見られるようになる。

　決まったパターンの中での学習や活動は得意になるが、違うものに対しては拒絶的になりがちになる。鬼ごっこのようなパターン的遊びはできるが、自由遊びが苦手である。

気をつけたいこと

　得意な学習パターンを駆使して、どんどん経験や情報をため込んでいく時期であるが、パターンに対するこだわりも見られる。こだわりを否定するのではなく、たくさん学習させることが大切。

　多くを吸収することで余裕が生まれるようになる。なかなか切り替えができないとき、パターン崩しの対応が必要となる。

手の操作性の拡大

物に合わせる課題

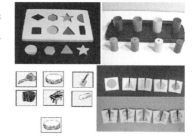

簡単な図地の弁別

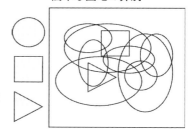

代表性の理解（同じの理解）

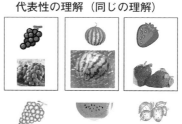

Ⅴ水準　対応知覚水準　「柔軟な操作、人に合わせる、見比べ」

学習活動のポイント

　目で運動を細かく継続的に調整する力が育ち、なぞり書きができるようになる。（視覚運動協応）見分ける力から見比べる力へとどこが同じでどこが違うのかといった考察ができるようになる。

　聞き分ける力が育つことで、声によることばの理解や感情の理解へと広がる。

　見分ける力が育つことで、微妙な形や色の違い、大きさの違いを見分けたり、視覚による位置感覚や空間知覚も育つ。

　違いがわかったり違いを認めたりするこができることで固さがとれ、人にも物にも対応性が増す。指さしや視線による相手の意図理解も進み、対人関係的トラブルも少なくなってくる。

　対応性が増すことで物を何かに見立てた使い方や遊びができるようになり、象徴的機能が育ってきて次の水準へと展開していく。

大きさ比べ（順に並べる）

微妙な違いの形合わせ

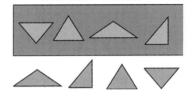

三分割の絵合わせ

図形の構成

気をつけたいこと

　なかなかパターンから抜け出せない場合は、パターン崩しを意図的に行なうことになるが、その際も否定的に接するのではなく、本人の主体性に働きかけながら常に肯定的に対応していくことが大切とされている。意図的に許容範囲の中でちょっとずつ変えていき、対応に変化をつけていく工夫が必要となる。

なぞり書き

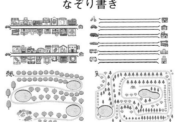

第1章　子どもの成長と発達について　23

Ⅵ水準　象徴化水準　「象徴的遊びが活発化、言語理解の広がり」

学習活動のポイント

　見立て遊びや象徴遊びを通して象徴機能（イメージやシンボルで処理する）が育ってくる。その背景には、多くの情報の蓄積による理解の広がりと柔軟性の育ちという対応知覚水準の機能が基盤となっている。

　イメージを共有する遊びができるようになり、集団遊びの中でストーリーが展開できるようになったり、遊びを工夫できるようになったりする。

　情報の蓄積の中から代表性の理解が進み、次の概念化への準備が始まっていく。仲間集めやマッチングといった学習で感覚的に代表性を理解できるような学習の積み上げが必要である。

　認知特性として細かな違いを理解する細部知覚と全体や流れの意味を理解する全体知覚の中で得意、不得意が顕著になってくる。

たこやきごっこ

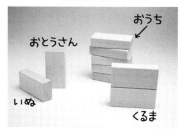
見立て遊び

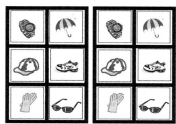
同じ位置に並べる

気をつけたいこと

　見立て遊びや象徴遊びが苦手な場合、Ⅵ水準へのレベルアップが難しい。動物になっての表現遊びやごっこ遊びでの楽しい遊び込みが必要となる。

　文字が覚えにくい場合は、パズルなど細部知覚を活用する学習が必要で、全体知覚が苦手な場合は絵の意味を考えるような学習が必要となる。

どうして泣いてるのかな？

Ⅶ水準　概念化１水準　「ことばでの表現、ラベリング、自己主張」

学習活動のポイント

　形で分ける場合と用途で分ける場合というふうに、2つの属性を理解し、自由に切り替えて対応ができるようになる。

　パズルなどの細部知覚の高次化、絵の意味の理解など全体知覚の高次化が進み、処理や対応も早くなる。

　これまでことばは知っててもコミュニケーションに使えなかったのが、会話の中で使えるようになってくる。

　内言語を用いて考えることができるようになり、手続きに合わせた思考や経験からの判断ができるようになる。

　ただラベリング化してしまうと柔軟に対応できなくなるなど、絶対的概念形成となり、おじいさんはお父さんのお父さんというような理解が難しい。

　役割やルールの理解が進み、理解に応じた対応ができるが、自己主張も強く柔軟な対応が難しいこともある。

音の数だけ○を塗る

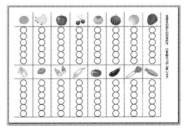

「か」から始まることば

並べ替え

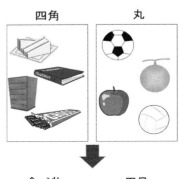

気をつけたいこと

　ことばによるコミュニケーションが顕著に伸びてくるが、理解はできてもうまく表現できないことも多い。

　いったん思い込んでしまう（ラベリング）と後での修正が難しくなることもある。

　思い込みによる行動でトラブルになることも多い。

食べ物　　　　用具

Ⅷ水準　概念化2水準　「文作りや数量操作、柔軟な概念操作」

学習活動のポイント

概念化1水準では2つの属性操作だったものが3つ以上の概念の操作できるようになる。

細部知覚が育ち文字の正確な模写ができるようになる。全体知覚の育ちの中でストーリーに応じた絵の配列や絵の背景にある状況理解ができるようになる。

日常的会話がスムーズにできるようになり、自分の思いを多語文で伝えることもできる。

内言語を用いて考えることで、気持ちの調整をしたり、他者の気持ちを考えたりできる。

概念操作が柔軟になり、「おじいさんはお父さんにとってはお父さん」というような相対的概念の理解ができるようになる。

役割やルールの理解が進み、苦手な状況の中でも全体に合わせていくような自己調整ができるようになる。

なんて言ってるのかな？

文を読んで考えましょう

ぶんをよんで、あうものにせんをひきましょう。

おおきなあかいくるま
おおきなあおいこっぷ
ちいさなあおいこっぷ
おおきなあおいくるま
ちいさなみどりのこっぷ
ちいさなあかいくるま
おおきなみどりのこっぷ
ちいさなあおいくるま

4等分に切り分ける

気をつけたいこと

高い水準と思われる場合でも発達の飛び越しが見られることが多い。何となくちぐはぐな感じがあるときは、終点の理解が曖昧であったり、聴覚情報で済ませて視覚があまり使えていなかったりすることもある。細部知覚と全体知覚に苦手感が強かったり、姿勢が安定せず気持ちが振られたりするといったこともある。

水のかけ合いを楽しむ

5　アセスメント・チェックリスト

　アセスメントということばは、医療や看護、福祉や心理の中でも「査定」「評価」といった意味で使われますが、ここでは、「支援を必要としている子どもの状態を理解するために、その子どもに関する情報をいろいろな角度から集め、その結果を総合的に整理、解釈していく過程」というような使い方をします。アセスメント・チェックリストは、そのためのチェックリストということになります。

　特別支援の中で適切なアセスメントを実施していくことは必須事項なのですが、そのためにどのようにアセスメントを進めていくかはとても難しいことでした。一般的な発達検査や評価表で肢体不自由や重度の子どもたちを評価していくことが難しく、一定の評価ができたとしてもそれを指導につないでいくことが困難でした。

　そこで独自の実態把握表を作成し、それに基づいてアセスメントを行なっていましたが、作業量が多く時間がかかることから見直しを求められていました。そのようなタイミングで宇佐川浩先生、そして「感覚と運動の高次化理論」と出会いました。2010年に宇佐川先生は亡くなられましたが、2007年に2冊の貴重な本を残してくださいました。それは学苑社から出版されている『障害児の発達臨床』ⅠとⅡです。

　Ⅰに当たるのが『感覚と運動の高次化からみた子ども理解』という本で、そこには、「子どもを発達的視点でどのように捉えていくのか」と「感覚と運動の高次化発達診断評価法」が紹介されています。その評価表を見たときに、長年求めていたアセスメント・チェックリストとして活用できると確信しました。実際に宇佐川先生を訪ね、チェックリストとして利用することをお願いしました。この本を書き終えて1年ぐらいたった頃だと思います。奈良にお越しいただき講演会を開催したこともありました。このような流れの中で生まれてきたのが、奈良養護学校のアセスメント・チェックリストになります。

　現在のチェックリストは、エクセルで作られていますが、鳥取県立皆生養護学校でも「感覚と運動の高次化理論」を取り入れ、アセスメント・チェックリストを作成されていたので、それを提供していただき、奈良養護学校向けに改訂して使用しています。入力するだけで表やレーダーチャートで表されるため、視覚的にもわかりやすいものです。

　本来であれば、すべてのチェック項目が評価の対象となりますが、導入初期においては負担が大きくなりすぎるため、簡易版のチェックリストを作製しました。各水準のチェック項目が10項目と絞られているため、簡単に短時間でチェックを終えることができます。もちろん評価としては十分なものではありませんが、考えるための目安として利

用しています。簡易版のチェックリストについては、在校生全員について評価を行なっています。

　必要に応じて、チェックリストを使い分けるために、3段階のものを作りました。「簡易版」「標準版」「完全版」です。「簡易版」では大まかなチェックで該当する発達水準を出すものです。「標準版」では、認知面を中心にした発達状況を確認できます。「完全版」では、領域別の個人内差まで確認することができます。それらは小学部入学から高等部卒業まで、12年間記録できるようになっているため、経過や変化の確認にも役立っています。

　学校において、在校生全員が1つのアセスメント・チェックリストを使うことは、一定の発達観を学校全体で共有することにつながります。この意味が意外に大きく、例えば「今、この子はⅣ水準あたりが課題です」ということばで、ほぼ同じような認識をもつことができます。個別の会議や検討会など共通認識がスムーズになり、教師間の連携や指導のつながりなどにも大きく役立つものとなりました。

　さらにもう一つ重要な意味は、一定の発達観を共通でもつことで、それぞれの先生の得意分野を指導に反映させていくことが容易になる点です。一定の発達観に照らすと、それぞれが、今行なっている活動に意味づけができるようになります。その意味につながりができることで、活動そのものがつながってきます。これまでそれぞれに意味づけられていたことが、全体とつながることで、よりわかりやすく効果的に指導を展開していくことができます。それぞれの先生がもつ得意分野をいかに指導の中に効果的に生かしていくことができるかは、学校の教育力、指導力の向上に役立つものです。

※恩田智史先生（白井市こども発達支援センター）の講演資料（2014年8月29日）を参考に執筆。
参考文献
宇佐川浩（2007）『感覚と運動の高次化からみた子ども理解』（学苑社）
発達臨床研究第20巻、第25巻（淑徳大学発達臨床研究センター紀要）

第2章

発達に応じた教材70とその材料66

本章で紹介します材料は、教材共有ネットワーク（http://www.narayogo.jpn.org/）のサイトの中で掲載されている教材に使用しているものもあります。また、材料につきましては、廃番・欠品の場合もございます。あらかじめご了承ください。

第Ⅰ層 「初期感覚の世界」の学習に使いやすい教材

1 リモコンマッサージ

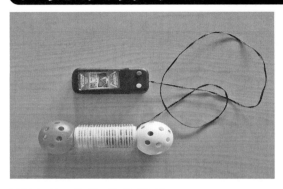

材料など ⑲ ㊲ ㊳ ㊴ ㊶ ㊷

作り方
　穴あきボールとカーラー、リモコンカーのモーターとスイッチを使って作成。穴あきボールの中には鈴や重りが入っている。
　モーターには、振動が起きるように重りを取り付けている。

― ねらい ―
・感覚入力水準
・振動や音への気づきを促す
・振動に対する手や身体の反応を促す
・手で握ったり動かしたり簡単な操作
・振って音を鳴らしてみる
・止まったことに気づき、要求できる

使い方
　振動を身体のいろいろな部位で感じる。特に手で握りやすくなっているので握って、あるいは手のひらの上に置いて振動へ意識を向けることをねらって行なう。スイッチ操作で刺激がなくなったり始まったりするのを感じる。その変化を楽しめるようになれば、手の操作が現れたり、手元を見ようとする様子が出てくる。

2 卵入れマラカス

材料など ⑤ ㊴ ㊽

作り方
　市販のゆで卵ケースの中にビー玉やゴルフボールなどを入れ、その２つをヘアバンドのゴムで結びつける。

― ねらい ―
・感覚入力水準
・振動や音への気づきを促す
・振動を感じ楽しむ
・自分で握る
・自分で動かす

使い方
　手に持たせて自由に動かすことから始め、自然に振動の大きさや音、手の感触に気づいていけるように声掛けしたり、動きの援助をしていく。繰り返し使っていく中で、自分から持とうとしたり、手を伸ばしてきたりする動きを誘導し、思いを育てていく。
　自分で動かしたり止めたりして、振動や音、感触を自分なりに楽しめるようになることを目指す。

3　ゆらゆらガチャガチャ遊び

材料など　㊴㊶㊷㊺

作り方
フイルムケースやカーラーをつないでその上にハロウィンの顔を乗せゴム紐でつなぐ。顔の中には㊺のカラフルベルが1個ずつ入っている。すべて1本のゴム紐で結ばれており、台座には穴が開いていてそこにゴム紐が通り固定されている。

ねらい
- 感覚入力水準
- 感覚運動水準
- 手で操作して音や感触、動きに気づく

使い方
手を動かして操作し動きや音を楽しむ教材である。最初本人が触りにくいようすであれば、少し手を誘導してあげることも必要である。わかると結構触って遊ぶようになることが多く、中には夢中になってしまう子もいる。手探りのようにして遊ぶことから、次第に目がついてくるようになり、顔と顔をぶつけるようにして遊んだり、倒しておいて起き上がってくるのを楽しんだりしている。

4　回転カーラー

材料など　㊶㊷㊹

作り方
丸棒を差し込めるように木枠に穴を開ける。丸棒を差し込むときにそこに入れられるパイプやカーラーなどを通しておく。取り外しができるよう丸棒は固定しない。

ねらい
- 感覚入力水準
- 感覚運動水準
- 手の感触遊び
- 指先の動き
- 動きと感触や音とのつながりの気づき

使い方
テーブルの上など、手の届く所に置いて使用する。自分で触ろうとしない場合は、手を取って動きを誘導してみる。感触や音、動きに気づいて楽しいと感じたときには、繰り返し操作しながら遊び始めることが多い。木枠を縦にしてみたり、立ててみたりして置き方に変化をつけるようにすると、触り方も変えてくることがある。

5　スライディングスティック

材料など　㊶㊷㊹

作り方
丸棒に台座を木ねじで固定した物。そこにカーラーを差し込んで利用。

ねらい
- 感覚入力水準
- 感覚運動水準
- 運動の方向付け
- 外れたことに気づく

使い方
スライディングボードでは操作的に難しい子どもに使っている。

持てなくても、触るだけでカーラーを動かすことができ、使いやすい位置へ持っていきやすい。カーラーに興味を示してくれない場合は、興味のある物を取り付けて使うようにしている。カーラーをスライドさせて外さないと取れないので、スライドさせる動きの学習に使いやすい。また、端までいくと外れるので運動を通した終点の理解につながりやすい。

6　ふわふわ扇風機

材料など　㉚㊸㊶

作り方
ハンディ扇風機の羽根にデコレーションボールを接着剤で貼り付ける。回転させてボールが当たったとき、痛くないかどうかを確認しておく。

ねらい
- 感覚入力水準
- 感覚運動水準
- ボールが当たる感覚に気づく
- 感じて手指を動かす

使い方
回転して起こる風やボールが当たったときの感覚に気づくように、手や顔にそっと近づける。感じられる様子があれば、近づけたり離したりしながら感覚への意識を高めていく。

手で押さえると回転が止まり、離すとまた回り出すような関係の理解を促すように動きとつなげながら、ゆっくり進めていく。慣れてきたら手に扇風機を握り、箱などに当てて音が鳴ったり止まったりする感覚を楽しむ。

7 テーブル琴

材料など ❻❻

作り方
　角材2本の間に薄いシナベニヤを貼り付け、片面に伸びない蛍光糸を釘で固定しながら弦として張っていった教材。弦はできるだけ強く張るようにした。弦を張った後から三角形の角材を弦と板の隙間に差し込み、さらに弦が強く張れるようにした。

ねらい
- 感覚運動水準
- 触覚、触運動感覚
- 指先への注意、意識化
- 指先の動き・振動を感じる
- 音との因果関係理解

使い方
　テーブルなどに置いて使用する。軽い物なので子どもの手の動きに応じて動きやすい位置に固定して使うこともできる。あまり大きな音は鳴らないが、弦の上でしきりに指先を動かして感触を楽しんでいる子が多い。
　差し込んである三角形の角材をスライドさせたり、太くすることで音の調節をすることができる。
　弦を蛍光色の糸にしたことで、見やすくなり、糸自体によりがあるため、感触も感じやすくなった。

8 刺激の大きな感触遊び

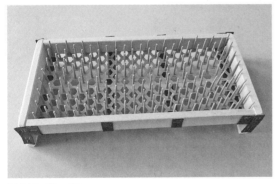

材料など ㉕

作り方
　100円ショップなどで販売しているカラス撃退用グッズ。細い棒がたくさん出ており、適度な柔軟性と堅さをもっている。そのまま使ったり、木枠を作ったりしている。

ねらい
- 感覚入力水準
- 感覚運動水準
- 手のひらに棒先を当てながら繰り返し触る
- 刺激を求めて繰り返し触る

使い方
　感触遊びに利用。特に手を口に持っていくことが多かったり、物をすぐ投げて遊んでしまう子に対して、手からの感触をじっくり感じてもらうために利用している。刺激に気づき、探索的に手を動かして探るようになり、繰り返し触ろうとすることで、興味をもてるようになり、手への意識を高めながら、手を使って遊んでいく学習につなげていく。

9　ハンド鈴

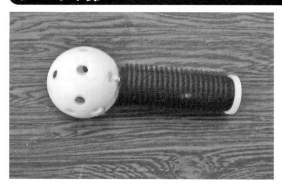

材料など　❺ ⓳ ㊱ ㊴ ㊶ ㊷

作り方
　穴あきボールとカーラー、ボタンをゴム紐でつないだもの。
　ボールの中には鈴や重りとしてビー玉が入れてある。

ねらい
- 感覚運動水準
- 因果関係理解
- 握って振ると音が鳴ることがわかり、繰り返して振る

使い方
　触るだけでなく、自分で振って鳴らして遊ぶ教材。持ちにくい場合はグリップにゴム紐を取り付けてその中に指を入れる使い方もできる。声かけをしながら使ったり、歌を歌いながら、あるいは音楽を聴きながら音を出して遊ぶといった使い方ができる。
　素材が軽いため、力がなくても操作しやすく、カーラーを変えることで手触りや太さの違いを感じることもできる。

10　輪滑り

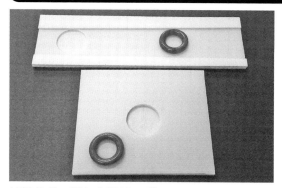

材料など　板と木製リング

作り方
　木製リングが入るように板に穴を開けており、リングをスライドさせて入れる課題。

ねらい
- 感覚運動水準
- 因果関係理解
- 穴に入れるとかちんと音がして動かなくなることを理解する
- 繰り返し入れて遊ぶ

使い方
　リングなのですべりやすく、もちやすい。入った物を取り出すときも簡単に取り出せるメリットがある。このように平面の場合は、入れるための手がかりとなるガイドがないため、入れることが難しくなるが、いろいろ動かしている内に入ることも多い。
　細い板を貼ってガイドを作ることもできる。入るとカチッと動かなくなるため終点がわかりやすい。

11　ビー玉転がしトレイ

材料など　❺㊾㊼㊺

作り方
　100円ショップで購入したアルミのトレイにビー玉を入れ、上からラミネートの透明シートをかぶせて両面テープで蓋をした教材である。ラミネートシートの接着性を考え、アルミのトレイは丈夫の平らな面が多いものを選択した。

ねらい
- 感覚運動水準
- 固有感覚刺激
- 因果関係理解
- 視覚的定位、追視
- 目と手の協応
- 左右の協応

使い方
　アルミのトレイはとてもよく音を拾い、ちょっとした動きでもビー玉の転がる音を増幅して伝えてくれる。音が出やすく振動も加わり気づきやすい。
　手を動かしてトレイが傾くことで音が鳴るといった因果関係理解や左右の手を協調して動かしていく左右の協応、動くビー玉を捉える注視や追視の練習、ビー玉の動きをコントロールしようとする目と手の協応などが課題となってくる。

12　湯たんぽでガチャガチャ

材料など　❺㊻

作り方
　100円ショップで購入した湯たんぽ。大きめのものと小さめのものがある。
　キャップを開け、中にビー玉を入れて完成。音の鳴るおもちゃとして使用する。

ねらい
- 感覚運動水準
- 固有感覚刺激
- 因果関係理解
- 視覚的定位、追視
- 目と手の協応

使い方
　テーブルに置いて動かすだけでもガラガラと音が鳴り、振動が起こる。寝ている状態であれば、おなかの上などに置き、少し揺らすとガラガラと音が鳴り、動きと音との因果関係理解につながる。
　グリップがついているので、持ちやすく、持って動かすことも簡単にできる。

13　ガチャガチャ洗濯板

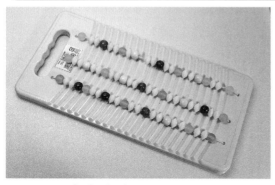

材料など　⓰㊴㊵㊺

作り方
　材料は、プラスチック洗濯板と太めのゴム、ビーズ、そろばんの玉など。ゴムにビーズやそろばんの玉を通して洗濯板に固定していく。色合いや大きさなど、入れる順序に変化を付けて同じものが集まらないようにする。

ねらい
- 感覚運動水準
- 感覚入力水準
- 触覚、触知覚、触運動探索
- 手の動きと音との因果関係理解

使い方
　100円ショップにあるプラスチック洗濯板を使用。穴を開けゴム紐を通し、そのゴム紐にビーズやそろばんの玉を入れて感触や音の刺激を楽しむ。

　手の動かし方が大雑把でも音が出やすく、ビーズの動きやゴムの動きを楽しむことができる。指先を使える子どもであれば、ビーズをつまんで操作するという動きも見られた。

　感触を楽しみながら簡単に音が鳴るので使いやすい教材である。

14　テーブル用ゴム付きボール

材料など　⓳㊲㊴

作り方
　ゴルフの練習用穴あきプラボールを、間に木製の玉を挟みながら丸ゴムを通して輪にした教材。

ねらい
- 感覚運動水準
- 固有覚刺激触覚、触運動感覚
- 指先への注意、意識化
- 指先の動き、手の動き
- 音との因果関係理解

使い方
　穴あきボールの感触とゴムに引っ張られる動き、それにボールがテーブルに当たって出る音などが楽しいようで、ちょっとした休憩時間を利用して遊びに使っている。

　ボールを振ることとテーブルの音がなることの因果関係理解や、ボールの動きや感触を楽しむといったことが課題となる教材である。

15　スライディングボート

材料など　❾ ⓮ ㊲ ㊴

ねらい
- 知覚運動水準
- 運動の方向付け
- 始点終点の理解
- 手のつまみ操作の応用

作り方
　カラーボードでスライドする厚さの隙間を付けてボードを作成する。スライドする駒は、ゴミキャッチと穴あきボールをヘアゴムでつないで作る。穴あきボールに鈴などを入れて音が鳴るようにしてもよい。

使い方
　穴あきボールを手でつかんで、入り口から出口までガイドの沿って動かしていく教材である。斜めに力を入れると動かなくなるため、動かし方にも工夫が必要である。板全体の向きを変えることでいろいろな方向へのスライドができるようになる。出口を意識して動かすこと、出口を意識して方向を変えることを目指す。

16　ジッパー

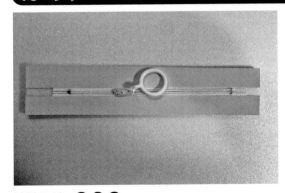

材料など　❾ ㉒ ㉔

ねらい
- 感覚運動水準
- 知覚運動水準
- 固有感覚を活用した力の調整
- 始点と終点の理解
- 動かす速さの調整

作り方
　基台はカラーボードを使用。
　ジッパーの長さに合わせて切る。接着には強粘度の両面テープを使用。ジッパーの持ち手は小さいため、カーテンリングを細紐で持ち手にくくりつける。

使い方
　リングを引くときに、ジッパーの適度な抵抗が入り、固有感覚を刺激し、繰り返しやってみようという思いにさせる教材である。引くときの角度によっては、ジッパーが動かなくなることもあり、調整する力が要求される。
　動かしているときに、ジッパーの音がなるのも興味を引きやすい。端まで行くと動かなくなるので、終点の理解につながる。

17　デコレーションボール並べ

材料など　❷❻　❸⓪

作り方
ねこ撃退シートにデコレーションボールを入れた教材。

ねらい
- 知覚運動水準
- つまみ動作
- 目と手の協応
- 色の弁別

使い方
フワフワしたデコレーションボールを1つずつつまんで取り出す。動作的にはつまむ動作の練習用で、間から出ているプラスチックの針のようなものが手の使い方を制限し、指先でのつまみを促す。色指定することで色弁別の課題としても使うことができる。

逆に中にボールを入れていく作業としても利用することが可能である。

18　ダボペグ入れ

材料など　❻

作り方
角材に8mmの穴を並べて開けた教材。差し込むダボは100円ショップにて購入。

ねらい
- 感覚運動水準
- 視知覚、注視
- 巧緻動作
- 目と手の協応
- 始点と終点の理解

使い方
使う棒はダボといって家具などのつなぎ目に使う木の棒である。直径が8mmあるが、木に9mmの太さの穴を多数開けて、その穴にダボを入れていく作業学習である。

目と手の協応、始点と終点の理解、などが課題となる。結構穴にぴったり入るため、作業そのものは気持ちよく進む。

19　先っぽつまみ棒さし

材料など ❻

作り方
角材に7mmの太さの穴を開け、6mmの太さのダボを入れた教材。穴の深さはダボの頭が2〜3mm出る深さで開けてある。

ねらい
- 知覚運動水準
- 指先でつまむ動作の誘導
- 始点と終点の理解
- 目と手の協応

使い方
目と手の協応、つまむ動作練習、つまんで引き上げる練習によって、目と手の協応を意識させる。出ている部分が少ないので、そこへ力を集中しないといけないこともあり、指先の使い方が上手になってくる。全部抜けた段階で入れる課題に変えて始まりを作っていくことができる。

20　木玉つまみだし

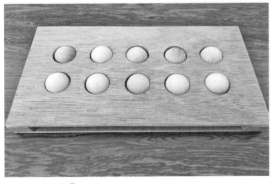

材料など ❼

作り方
工作用木球が入るように板に30mmの穴を開ける。穴を開けた板に高さを調整するための角材を取り付け、中央部は空洞とする。高さは木球を取り出そうとしたとき、つまみにくい高さにする。高さ調整用の薄い板を下に入れる。

ねらい
- 知覚運動水準
- 指先でつまむ動作の練習
- 目と手の協応
- 力の調整

使い方
木球を取り出す。難易度を補助板を入れることで調整する。

最初は補助板を入れて木球を取り出しやすくしておき、取り出す練習をする。出せることやルールがわかったら、補助板を取り外し、取り出しにくくなった木球をつまむ練習をする。難しい場合は、板紙などを差し込み、高さ調整を行なう。

21　ビー玉落とし

材料など　❶❺㊺

ねらい
- 感覚運動水準
- 知覚運動水準
- 始点と終点の理解
- 指先の意識化（固有感覚）

作り方
　タッパーの容器の蓋に、ビー玉よりも少し小さめの穴をドリルで開ける。穴が小さすぎる場合は、穴の四方にカッターで少し切れ込みを入れると入りやすくなる。最初は少し押し込めば入る程度の穴にして、慣れてきたら穴の大きさを変化させる。

使い方
　ビー玉を穴の上に置くとほとんどの子が自然に押して入れようとする。力を入れて押すと大きな音を立てて入るのとそのときの手の感触が面白いのか繰り返しやろうとする。1個ずつ手渡しながら入ったことを確認していくことで始点と終点の理解を促す。
　慣れてきたら10個程度箱に入れておき、自分で連続して入れる課題にする。全体としての終わりの理解とできた感を味わうことができる。

22　○□型はめ

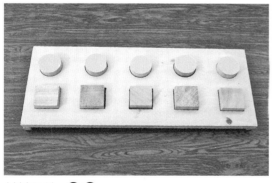

材料など　❼❽

ねらい
- 知覚運動水準
- パターン知覚水準
- 色と形の弁別
- 位置感覚、空間知覚
- 確認と自己修正

作り方
　コンパネに円柱は直径30㎜の穴をドリルであけ、□は糸鋸で切り抜いた。100円ショップで購入した円柱の木片と立方体の木片には裏と表に蛍光色の色紙を貼り付けてある。

使い方
　木片の裏と表に色の違いのわかりやすい蛍光色の紙を貼り付けて、方向を意識しながら型はめができるようにしてある。
　同じ物をもう1つ用意し、色の配列をまねて並べていくことを課題とすることもできる。
　どこの穴に入れるかで位置感覚や空間感覚を養うことも狙っている。

23　パイプ入れ

材料など　㉘㉒

作り方
　100円ショップで売っているお皿立ての台を利用する。突き出た円柱の長さに合わせて水道の配管で使う塩ビパイプを個数分切っておく。

― ねらい ―
- 知覚運動水準
- 視知覚、注視
- 目と手の協応（視覚運動協応）
- 始点と終点の理解

使い方
　突き出た丸棒一つひとつにパイプを突き刺していく課題である。よく目で見て確認しながら進める課題である。目と手の協応や始点と終点の理解が課題となる教材である。
　初めは1個ずつ手渡しして進めるところから、慣れてきたらパイプをまとめて容器に入れておいて、その中から自分で取り出して作業していくようなやり方に発展させていくこともできる。

24　パイプ通し

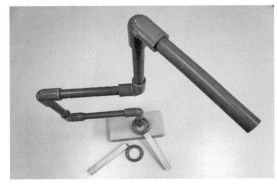

材料など　㉔㉒

作り方
　角材にパイプが入るぐらいの穴をドリルで開ける。塩ビパイプを直角ジョイントを使いながらいろいろな形になるように組み合わせていく。リングは、一番大きなカーテンリングを使っている。

― ねらい ―
- パターン知覚水準
- 目と手の協応
- 運動企画
- 始点と終点の理解
- 片側優位性（ラテラリティ）

使い方
　リングをパイプに沿って抜き取っていく課題である。運動の方向付けを決めたり、運動企画に関係した課題になる。リングそのものを手で持って抜き取ることもできるが、写真にあるようにリングに取っ手を付けて、取っ手で調節しながら方向付けをし、抜き取ることもできる。パイプから抜ければ終了であるので、終わりもわかりやすい。

25　白黒ボタン並べ

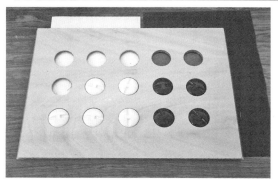

材料など　板、白黒ボタン

作り方
不要となったボタンを大量にいただいたこともあり、作った教材。ボタンの大きさの穴をくりぬき、裏にクリアファイルケースを取り付けてある。

ねらい
- 知覚運動水準
- 白黒弁別
- 色合わせ
- 目と手の協応

使い方
裏に取り付けたファイルケースに課題となるシートをいれて、穴から見える色に合わせて作業を進める。

2色あるため、色弁別の学習にも利用できる。色を合わせて入れることを学習する。

26　白黒ボタン分け

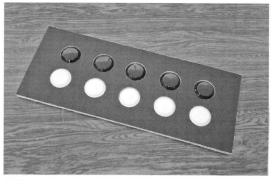

材料など　板、白黒ボタン

作り方
25同様、不要となったボタンを大量にいただいたこともあり、作った教材である。ボタンの大きさに穴を開けているので、ぴたっとおさまる感じがよい。

ねらい
- 知覚運動水準
- 白黒弁別
- 色合わせ
- 目と手の協応

使い方
5個2列にしてあるので、数の学習にも利用可能である。

板にはカラーベニヤを利用。板の色の合わせて色分け学習ができるようにしている。実際に使ってみると、同じ色で合わせていくよりも違う色を入れていく方が見やすくわかりやすい。

最初に見本を示し、その見本を見て弁別ができるようになることを目指す。

27　木のビーズ滑らし

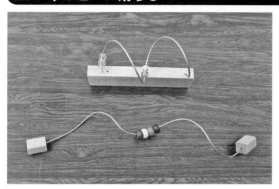

材料など　針金、角材

作り方
　手で握りやすい大きさの角材に3mm程度の穴をあけ、しっかりした針金を差し込んで形を作る。針金は、ハンガーなどの針金を利用すると入手が簡単である。中に通すものはいろいろ考えられるが、ここでは木玉を利用している。

ねらい
- 知覚運動水準
- 目と手の協応
- 注視、追視
- 始点と終点の理解
- 左右の手の協応動作

使い方
　針金の両端にある木片を持って玉を右へやったり左へやったりする。比較的玉の穴が大きめであるため、詰まってしまうことはあまりない。
　課題としては、目と手の協応、両側協応動作などである。
　実際に針金に沿って落ちていく様子やひっくり返すと繰り返しできることを見せ、興味をもたせてから渡すようにした方が、自分でもやってみようという思いにつながりやすい。

28　洗濯ばさみ外し

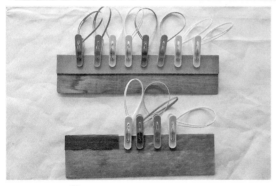

材料など　㉞

作り方
　適当な大きさの板に洗濯ばさみをはさんだもの。引っ張って外すときに抵抗となるように、紙やすりを板に貼り付けている。

ねらい
- 知覚運動水準
- 目と手の協応
- 力の調整
- 始点と終点の理解
- 左右の手の協応動作

使い方
　こちらが板を持ってする場合と、自分で両手を使ってする場合がある。両手を使う場合は、得意な手を作ることにもつながり、片側優位性のトレーニングとして使うことができる。最初は「1つを取り付けて1つを外しておしまい」というような単純な活動から入った方がわかりやすい。外れたらくっつけて再度行なうことで、繰り返して取り組むことができる。

29　ぎゅっと棒さし

材料など　❻

作り方
　1×4材を利用。19mmの厚みが丁度いい。適度な大きさに切り8mmの穴を開ける。入れるダボの長さに合わせて両側の補助プレートを取り付ける。ダボの太さが微妙に違うため適度な動き具合の物を選択して使う。

ねらい
- 知覚運動水準
- 目と手の協応
- 固有覚を活用した力の調整
- 始点と終点の理解
- 指先への意識集中

使い方
　穴に入れるときに少し抵抗感がある。この抵抗感が固有感覚を刺激し楽しめるようである。ダボを押し切った所で下につくようにしてあり、全部入れてしまえば、もう一度上下を逆にして繰り返し指押しができる。
　押しながら指先に注意を集中し自分の感覚を高めていくことができる。

30　ボタン並べ

材料など　板、ボタン

作り方
　ボタンの幅に薄いベニヤ板を切ってガイドを作る。ガイドに沿ってボタンを入れられるようにする。木箱を利用してガイドを立てられるようにする。

ねらい
- 知覚運動水準
- 目と手の協応
- 指でボタンをスライドさせる
- 親指でスライドさせ、外れるときにつまむ

使い方
　ボタンガイドは、立てても横にしても使えるようになっている。ボタンを取り出し、どんどん中へ入れて並べる。
　課題の中心としては、指先を使ったボタン出しの練習をすること。スムーズにスライドできるようになれば、いろいろな方向でできるように練習する。
　一番難しいのが、ガイドを立てて、ボタンを親指の腹でスライドさせ、取り外す使い方である。

31 台付き串さし

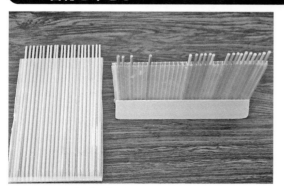

材料など ❸ ㊺ ㊿ ㊅

ねらい
- 知覚運動水準
- パターン知覚水準
- 視知覚、注視
- 目と手の協応
- 始点と終点の理解

作り方
薄いプラスチックで作られたダンプレートを使用。それを串の長さに応じて適度な大きさに切り、底は出ないように丈夫なセロテープなどで底を止める。自立させるためには下にメンギを貼り付ける。

使い方
小さな穴に串の先を合わせて差し込むため、かなりの集中力が要求される。1回1回のちょっとした成功感が、作業を継続させていく原動力となっている。中盤ペースが落ちることが多いが、終了際の5本ぐらいは、もう終わりが見えているためか、ペースが速くなる傾向がある。

通常は入れたときに1cmくらい頭が出るようにするが、抜いて遊んでしまうような場合は、串が沈み込んでしまうくらいの長さにカットして使うと取り出そうという様子はなくなる。

32 ビーズやそろばんの玉さし

材料など ❸ ⑯ ㊵

作り方
適当な大きさの角材に2mmの穴を開け、そこに竹串を差し込んで台を作る。そろばんの玉はそろばんをばらして準備する。竹串の長さにより入れる量の調整をする。

ねらい
- 知覚運動水準
- 目と手の協応
- 巧緻動作
- 始点と終点の理解

使い方
そろばんの玉をバラバラにして、板に差し込まれた竹ひごに差し込んでいく課題である。

そろばんの玉は意外とつかみやすく操作しやすい。課題としては、目と手の協応、始点と終点の理解などである。

最初は、1つずつ手渡しながら続けて行なう練習をし、慣れてきたら箱の中から玉を取り出し1人で作業していく。

第2章 発達に応じた教材70とその材料66

第Ⅱ層　「知覚の世界」の学習に使いやすい教材

33　マグネット貼り付け

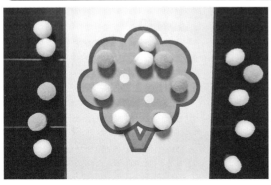

材料など　⑳ ㉚ 56 65

作り方
ふわふわボールを強力マグネットにボンドで貼り付ける。シール貼り用のプリント教材を印刷し、ラミネートし、それをスチール製棚板に貼り付ける。

ねらい
- パターン知覚水準
- 目と手の協応
- 空間知覚、位置感覚
- 始点と終点の理解

使い方
シール貼りように作ったラミネート課題シートを使って、シールの代わりにマグネットを使って、必要なところに付けていくようにした。

ふわふわボールはいろいろな色があり、立体感もある。指先でつまみやすく作業が楽しそうである。

課題としては、目と手の協応や運動企画、修正行動などがあるが、課題シートをより難しくしていくことで力のアップにつながっていく。

34　ピンポン球ツリー

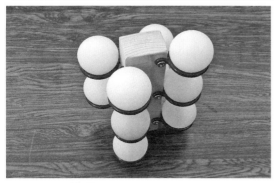

材料など　㉔ ㊼

作り方
角材にらせん階段のようにカーテンリングを木ねじで取り付けていく。
ボールがリングの上に乗るので、高さの幅を調整する。

ねらい
- 知覚運動水準
- 目と手の協応
- 運動企画
- 始点と終点の理解

使い方
カーテンをカーテンレールにつけるときのリングを等間隔、ラセン状に並べて固定した教材。ピンポン球を乗せていく。

ピンポン球は軽いため、支えている木が倒れるようなことはない。下から順に積み上げてきたり、上から順に乗せていったり、いろんなバリエーションを考えることが可能となる。課題として目と手の協応や運動企画などがある。

35　色並びの模倣練習

材料など　❽㊽㊾

作り方
100円ショップで売っている3㎝×6㎝の角材セットの角材に、蛍光色のシートを両面テープで貼り付けた教材。裏と表の色を変えている。
3㎝×3㎝の角材と3㎝×3㎝×3㎝の立方体でも利用。

ねらい
・パターン知覚水準
・対応知覚水準
・位置感覚、空間知覚
・確認と自己修正

使い方
板の表面と裏面にそれぞれ蛍光色の違った色の紙を貼り付け、見本に合わせて板を配置したり、色あわせをしたりする。
蛍光色には、赤、緑、黄色、オレンジなどがあるが、初めははっきり違う物を作り、裏面に気づいたり、ひっくり返したりする操作の学習をねらう。
支援者のやることをまねることを促し、うまくできれば、きちんと褒めてあげて、何を要求されているのかを伝えていく。

36　紙粘土型はめ

材料など　㉓㊿

作り方
製氷皿、紙粘土は100円ショップにて購入。紙粘土で型を取るときは、しっかり押し込まないと隙間ができることがある。できあがりは、少し粉っぽくなるのでウレタンニスなどを塗って仕上げる。着色した方が形がわかりやすい。

ねらい
・パターン知覚水準
・対応知覚水準
・形の分別、色の弁別
・形と色の複合弁別
・目と手の協応

使い方
最初は、ほとんど入れておいて、残りの数個を入れて完成させる所から始めると作業に入りやすい。
1つずつ手渡し、形を確認させながら丁寧に進めていく。
色の弁別を加えるなら、横の並びが形が同じなので、縦の並びで同じ色に色づけしておく。左から赤、青黄色といった具合である。

37　同じもの集め

材料など　❹❾❿㉑

作り方
　100円ショップで購入したフリーのシール用紙に同じ動物や食べ物の違った絵柄のイラストを印刷して、カラーボードに貼り、カッターで同じ大きさの枠に切り取って作る。また、カードの幅に合わせて並べる木枠を作る。

ねらい
・対応知覚水準
・象徴化水準
・同じ物としての概念形成
・特徴を捉える

使い方
　初めは、最後の1枚をどこにいれるのかで練習し、次第に入れる枚数を増やしていく。
　慣れてきたら切り抜き写真を入れてみたり、普通の写真を入れてみたりして、より幅のある同じ物集めができるようになることを目指している。
　木枠は2列と3列を作り、最初は2列を使って2つの分別から始める。慣れてきたら3列で行い、さらに慣れてきたら2列と3列を並べて5列で行なう。

38　2分割絵合わせ

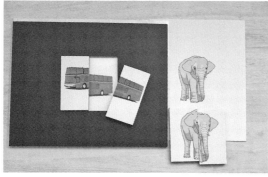

材料など　❹❾❿

作り方
　イラストをプリントアウトして、カラーボードに貼り付け、イラストの中央で2分割する。枠の裏にはファイルケースを貼り付け、正解の絵を挟み込んでヒントとしている。枠は厚紙かカラーボード。

ねらい
・パターン知覚水準
・合わせて1つになることを知る
・絵の細かな部分を見分ける

使い方
　合わさった絵を見せて確認させる。それが2つに分かれる所を見せ、元に戻させて合わせて1つになることの理解を促す。次に、枠を用意して、自分で合わせて完成させることに取り組む。
　その際、裏のファイルケースに正解画像を挟み窓から絵が見えるようにしてヒントとする。
　2つ合わせた所でヒントの絵を抜き取り、同じかどうかを確認する。

39　同じ場所を探せ

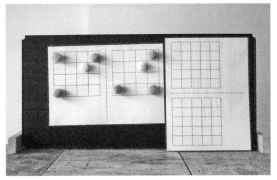

材料など　⑳㉚㊽㉝

作り方
　課題用紙はラミネートしておくと繰り返し使うことができる。マグネット台は棚板を利用。課題シートをマグネット台に貼り付けて使用。駒はデコレーションボールに磁石を貼り付けて使用している。

ねらい
- パターン知覚水準
- 対応知覚水準
- 目と手の協応
- 位置感覚、空間知覚
- 対応弁別、参照と照合

使い方
　右側に教師が示す手本を見ながら左側に同じ位置関係で再現していくのが課題。
　初めは角に置くなど、わかりやすい所から始めていく。中央部になってくると覚えるための手がかりが少なくなり難しくなる。
　慣れてきたら、見本を最初に作っておき、それを見ながら1人で再現できるようになる。

40　同じ配色のもの選び

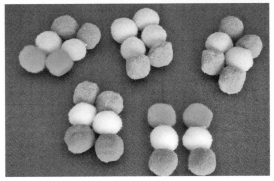

材料など　㉚㊼

作り方
　100円ショップにあるデコレーションボールをいくつか組み合わせて両面テープで貼り合わせ、いろいろな配色のものをつくる。

ねらい
- 対応知覚水準
- 全体一部分知覚
- 位置感覚
- 参照と照合

使い方
　柔らかいデコレーションボールを使って、同じ物を選択させる練習。
　最初は1色だけを選ぶなど簡単な課題からスタートし、2つをくっつけた物、3つをくっつけた物というふうに課題を難しくしていく。
　選ぶときも「2つを並べてどっちかな」という簡単な選択から始める方がわかりやすい。

41　絵合わせ

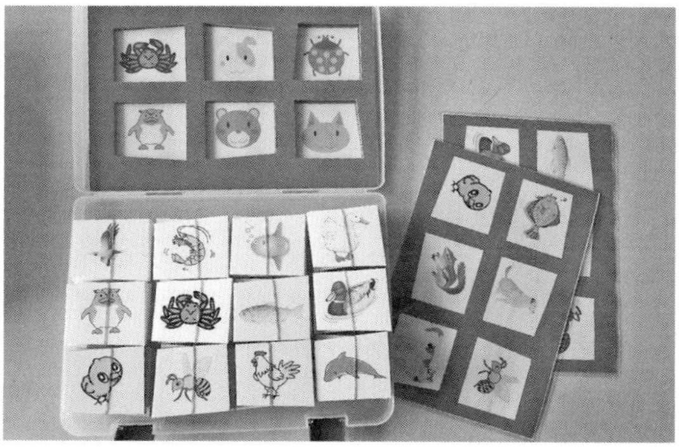

材料など　❹❾❿(57)

作り方

シール用紙にイラストを印刷し、型枠に合わせて切り抜く。型枠はカラーボードを切り抜いて製作する。型枠の形を少しずつ変えて、違う場所には入らないようにしておく。課題シートはラミネートしておく。

ねらい

- 象徴化水準
- 概念化１水準
- 代表性の理解
- 弁別

使い方

型枠に貼り付けたクリアファイルに課題シートを入れて課題設定する。課題に該当するイラストを枠の中に入れていく。課題イラストをいろいろ変えながら、合わせることを学び、特徴をつかむ力をつけていく。

名前を告げ、確認しながら進めていくことで名前の理解や代表性の理解へとつないでいく。

完成したら課題シートを引き抜き、合っているかどうか確認する。

42　コイン入れ

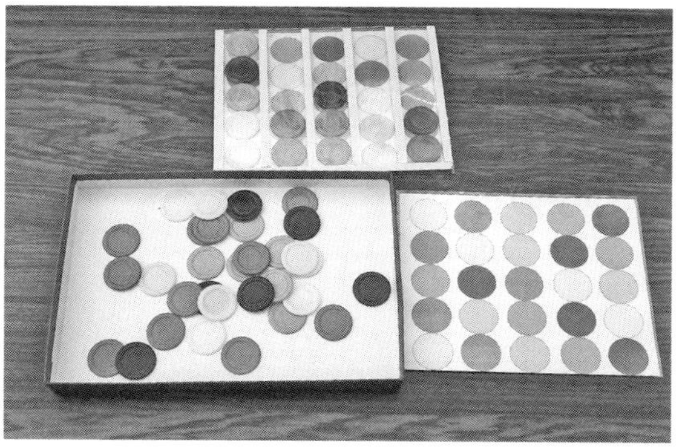

材料など　❷(57)(65)

作り方

２㎜厚のプラスチックの細い板でラインを作り、ラミネートフィルムだけを加熱処理したシートを両面テープで貼り付けて作る。

ねらい

- パターン知覚水準
- 目と手の協応、巧緻動作
- 始点と終点の理解
- 片側優位性（ラテラリティ）

使い方

５色のカラーコインを差し込んで並べていく教材である。入り口が細いので目と手の協応や運動企画などの課題となる。

同じ物を見本で示しながら、対象児の力に応じて課題を対応させていくようにして取り組んでいく。

43　木のボルト・ナット

材料など ㉜

作り方
　角材の板の上に、100円ショップで販売している木製のボルトナットのボルトを接着剤（G17）で上向きにくっつける。

ねらい
- パターン知覚水準
- 目と手の協応、運動企画
- 手指をひねる動作練習
- 始点と終点の理解

使い方
　固定された木のボルトにナットを回しながら深くねじ込んでいく課題である。最初に入れるときには目と手の協応が必要であるが、一旦回り始めると手の感覚だけでも進めることが可能である。
　回転することでナットが上がったり下がったりするが、上がってナットが抜ける、あるいは下がって止まることで終了となる。

44　玉落とし取っ手付き

材料など ⑤ ⑰ ㊺ ㊻

作り方
　花瓶敷のプラ皿に穴を開け、2枚を重ねる。ビー玉をいくつか入れ、ラミネートフィルムで蓋をして持ち手となる取っ手を付ける。　安全のために、フィルムの縁はビニールテープを巻きつける。

ねらい
- パターン知覚水準
- 対応知覚水準
- 視知覚、追視、注視
- 目と手の協応
- 左右の協応

使い方
　ゲームとしては、お皿を動かして中央の穴からビー玉を穴に入れて落とすというものである。全部落とせば、ひっくり返して、また始める。
　取っ手の棒をつけることにより、両手を使った操作練習ができやすいようにした。

45　3分割絵合わせ

材料など　❽❿

ねらい
・対応知覚水準
・絵の配置の確認（見比べ）
・細部知覚トレーニング
・絵を合わせることに集中する

作り方
　直方体の板が3つ合わさるように接着面にマグネットシートを貼り付ける。
　3つ並べてイラストを貼り付ける。裏返して木の隙間からカッターを入れ、3つに切り分ける。

使い方
　最初に基本の絵を確認し、「バラバラにするから元に戻してね」と課題説明をする（必要であれば実際にやって見せる）。
　マグネットがついているので、ずれにくくなっているが、必要に応じてカラーボードで枠を作ってもよい。
　枠を使わないのは、枠に入れるのでなく、合わせる感覚を育てることをねらっている。

46　紙コップ分類

材料など　❾⓯

ねらい
・パターン知覚水準
・対応知覚水準
・色や柄の知覚
・色、柄弁別

作り方
　柄付きの紙コップを1個ずつカラーボードの上に接着しておく。2個の台と3個の台を作っておく。
　紙コップは色や柄付きで、違いがはっきりしているものを使う。

使い方
　「これはどこに入りますか？」と1個ずつ手渡しながら進めていく。
　2個での弁別から、3個、2つを並べて5個と進めていく。
　紙コップを積み重ねるなど、動作自体はわかりやすく、作業もやりやすい。いろいろな色や柄が発売されており、大きさの規格が一定であるため、種類を変えたり増やしたりすることも容易である。

47 カラーコイン並べ

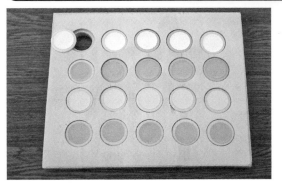

材料など　カラーコイン、板

作り方
コンパネを適当な大きさに切りそこにカラーコインが入る大きさ（25mm）の溝を掘る。

― ねらい ―
- パターン知覚水準
- 対応知覚水準
- 色の弁別と配列
- 位置感覚、空間知覚

使い方
コインを並べていく課題である。並べ方を工夫し、並びの中から入れる位置を推定していく。
見本を見ながら配列していったり、列や行ごとに同じ色を並べていったりしながら、単に差し込むことから一定のルールに従って配列していくことを学ぶ。

48 どこに隠れていますか？

材料など　㊸

作り方
プリント教材。いろいろなイラストを重ねたものを印刷して使用する。ラミネートしておくと、丈夫で形が崩れず、学習に使いやすい。

― ねらい ―
- パターン知覚水準
- 対応知覚水準
- 見分ける力
- 部分を見て全体を判断
- イメージする力

使い方
同じイラストの指示カードを使ったり、ことばで指示したりする。
まずは、全体が見えているものからスタートして、探して答えることを学ぶ。そこから、少しずつ見つけにくいものを探すように進めていく。対象児のよく知っているもの、興味のあるものをイラストとして使用すると取り組みやすい。見つける楽しさがある。

49　三角形を探せ

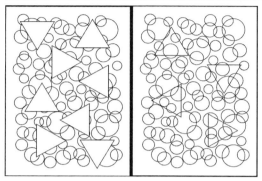

材料など ❻❺

作り方
　○と△の図形を組み合わせてプリントを作成する。左の三角は塗りつぶしたもの、右は線のみにしたもの。プリントはラミネートをして使用する。同じ大きさの三角形を作っておく。

ねらい
- パターン知覚水準
- 対応知覚水準
- 図地弁別
- 見分ける力儀

使い方
　最初は、塗りつぶした三角形のプリントを使って練習する。作業としては三角形の線をペンでなぞること、あるいは、同じ大きさの三角形をプリントの上に重ねていくことである。
　プリント教材なので、図形を複雑にしたり、数を調整することで難易度を変化させることができ、ステップアップ教材としても使いやすい。

50　同じものを探せ

材料など ❻❺

作り方
　物のイラストと同じものを見えにくくした下の枠の中に描いたプリントを作成する。プリントはラミネートしておき、ホワイトボード用のペンで描くことで、何度でも繰り返し使えるようにする。

ねらい
- パターン知覚水準
- 対応知覚水準
- 図地弁別
- 見分ける力
- 物の名前や代表性の理解

使い方
　上に示されたイラストと同じイラストを下の枠の中から探し出し、線で結ぶという課題である。
　最初は、見つけやすい塗りつぶしたイラスト(左)から始めて、線描きのみのイラスト(右)へと進めていく。
　いろいろなイラストを使うことで、さまざまなプリントへと発展させることができる。

第Ⅲ層　「象徴化の世界」の学習に使いやすい教材

51　マグネット位置合わせ

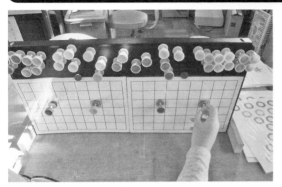

材料など　⓭ ⓴ ㊶ ㊻

作り方
マス目シートをプリントアウトし、それをラミネート加工して使用する。マグネットを付けた駒はカラーワイングラスにマグネットを接着剤で貼り付けて作る。後ろの台はスチール棚を使用したもの。

ねらい
- 象徴化水準
- 参照と照合
- 位置感覚、空間知覚

使い方
プリントは碁盤の目のようになっていて、同じ位置や指示された位置にグラスをくっつける。シートの中央部分にアンパンマンやドラえもんのイラストがある。「ドラえもんの下に黄色のマグネットをつけてください」と口頭で指示したり、隣のシートで見本を示し「同じ所につけて」と指示したりしながら進める。

52　関係するもの集め

材料など　❾ ❿ ㊼ ㊻

作り方
関連するイラストをプリントアウトし、カラーボードに貼り付けてカットする。枠はカラーボードで作成し、裏はラミネートフィルムを両面テープで貼り付けている。

ねらい
- 象徴化水準
- 絵の意味することを考える
- 関連する物を見つける
- 共通することを話す

使い方
最初は絵を見ながら、意味を考え、どれとどれがつながるのかを学ぶ。その後で２種類くらいから関連する物を選び出す練習をする。
ここでは、３種類の枠組みを掲載しているが、枠組みを複数用意することでさらに多くの種類に対応することができる。
集め終わったら、それぞれがどんな点で関係するのか話をしてもらう。

53　フェルト大根

材料など　フェルト生地

作り方
　白、緑、黄緑などのフェルト生地を大根の形に縫い合わせて製作する。質感を出すために、中に端切れ布などを入れておく。

ねらい
・象徴化水準
・お話のイメージ化
・イメージに合わせた動作、操作練習

使い方
　種まきから収穫、いろいろな動物が大根探しに来るなど、一定のストーリーを作り、そのストーリーを具体的にイメージ化していく際のツールとして使用する。段ボールの箱から葉っぱだけを出しておき、大根を引き抜いて収穫するような場面で活用する。

54　同じようなもの集め

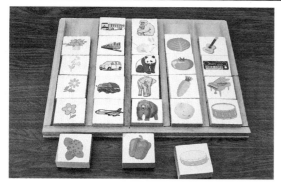

材料など　❽ ❿ ㉑

作り方
　100円ショップで購入した3cm角の板にプリントした絵を貼り付けたもの。プリントする際は、シール用紙を利用すると簡単に貼り付けることができる。厚紙に木枠を板のサイズに合わせて貼り付けて並べる台を作る。

ねらい
・象徴化水準
・概念化1水準
・共通性に気づく
・代表性の理解
・弁別

使い方
　同じような絵を見つけることで、イラストの意味や用途を考え、共通性を見いだしていく課題である。
　最初は最後の1枚がどこに入るのかを考えるような所からスタートし、課題内容の理解を促す。
　同じことを繰り返しながら、じっくり進めていくことが大切である。
　ここでは縦に並べているが横にする場合もある。

55　4面絵合わせ

材料など　❽❿

作り方
イラストをプリントアウトし四角柱を合わせた面に貼り付けていく。4面それぞれ違うイラストを貼り付ける。

ねらい
- 象徴化水準
- 細部知覚トレーニング
- 部分から全体の理解

使い方
1つのセットに4面違う絵があるため、部分を見て全体をイメージして面を合わせていく必要がある。

最初に完成した絵を見せてバラバラにし、同じ物を作ってみましょうと進めていく。

できるようになってきたら、「違う物を作ってみましょう」と、自分でバラバラにさせて、再度構成させていく。

完成形のイラストを用意し、それをヒントにしながら進めることもできる。

56　色ブロック並べ

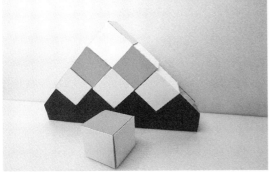

材料など　❽⓲

作り方
100円ショップにある3cm立方体角材に色鮮やかな蛍光シートを貼り付けて色ブロックを作る。1つのブロックに3色の蛍光シートを貼り付ける。台座も同じ立方体を並べ、横を厚紙で止める。

ねらい
- 象徴化水準
- 参照・照合する力
- 並びの認識
- 全体を構成する力

使い方
最初は、積み上げる練習をして操作になれる。その後、見本を見ながら同じように積み上げていく練習をしていく。1つずつ位置を確認しながら積み上げていくやり方と、見本をあらかじめ作っておいて、見本に合わせて一気に仕上げていくやり方がある。

ここでは、目を引きやすい蛍光色を使っているが、通常の色紙に変えていってもよい。

57 見立て遊び（ままごと用）

材料など　市販品

作り方
市販品を利用。見立て遊びように包丁やまな板に見立てる木切れや段ボールの切れ端を用意する。

ねらい
- 象徴化水準
- 見立て遊びの練習
- 用具の使い方の理解
- 用途や流れの理解

使い方
木の板や段ボールの切れ端を、野菜遊具を使うことで、包丁やまな板、お皿などに見立てて遊ぶ。

最初は切るだけからのスタートになるが、慣れてきたら、野菜を洗ったり、並べたりして作業に流れを作る。

食事は毎日繰り返している行為であり、イメージをもちやすいので、作って、食べて、片付けてといった流れの中でイメージや役割のある遊びへと展開していくことができる。

58 見立て遊び用角材

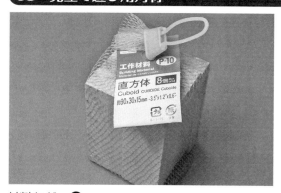

材料など　❽

作り方
市販品をそのまま利用する。

ねらい
- 象徴化水準
- 見立てて遊ぶ
- イメージする力
- 話を考える力
- 話を展開する力

使い方
30mm×60mm×15mmの直方体の角材を、横にして道路を走らせることで車に見立てたり、立てて人に見立てたり、横に立てることで犬に見立てたりして話を考えながら、操作し学習していく。

見立てて遊ぶことを覚えると、子どもはこの木切れをいろいろな物に見立てて遊ぶことができ、遊びの世界、イメージの世界が広がってくる。

59　違うのはどれかな？

材料など　㊿

作り方
イラストを使ったプリント教材。テーマに合わせてイラストを並べて課題を作り、プリントアウトして利用する。
ラミネートしておくと長く使うことができる。

ねらい
・象徴化水準
・何が同じかを考える
・どれが違うかを考える
・代表性や概念理解

使い方
同じものを探すプリントもあるが、違うものを探す方が難しい。見方によっては違うものが変わってくることもあり、はじめは明らかに違う課題を準備しておいて進めていく。
何となく違いを感じ、正解できるようになってきたら、残りの何が同じで選んだもののどこが他と違うのかをことばで話し合っていくことで、概念化を進める学習になる。

60　ジェスチャーゲーム

材料など　㊿

作り方
動作で表現しやすいもののイラストをあらかじめプリントしておく。最初はわかりやすくするために、1つずつプリントアウトしておく方がいいこともある。

ねらい
・象徴化水準
・見てイメージする力
・イメージを動作で表現する力

使い方
プリントアウトしたイラストを提示しながらそのものを身体表現させて、それが何かを他の人に当ててもらうゲーム。逆に他の子が表現しているのが何であるかをイラストの中から回答することもできる。
最初は、表現しやすく身近なものからスタートするとわかりやすい。よく見て考える力を育てるのに使いやすい。

第Ⅳ層 「概念化の世界」の学習に使いやすい教材

61 同じ組み合わせはどれかな？

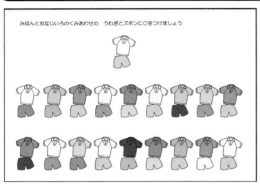

材料など ❻❺

作り方
　服とズボンの色違いイラストのプリント課題を作る。それをプリントアウトし、ラミネートして使用する。

― ねらい ―
- 概念化1水準
- 組み合わせを照合する力
- 色をことばで考える力

～～～ 使い方 ～～～
　同じ色の組み合わせのものを色合わせの形で確認しながら進めていく。次に「黄色の服と、黄緑のズボン」という風に、ことばに変えて探す練習をする。
　色違いの課題を多数用意して、ことばをうまく活用して同じを見つけることができるように練習していく。
　服とズボンの組み合わせに帽子や傘を加えていくことで、概念化2水準の課題へと展開していくことができる。

62 あいさつのことば

材料など ❻❺

作り方
　あいさつを表すイラストと吹き出しを加えたプリントを作成する。プリントアウトし、ラミネートして使用する。

― ねらい ―
- 概念化1水準
- 状況からことばを考える
- 吹き出しにことばを入れる

～～～ 使い方 ～～～
　プリントの絵を示しながら、今、どんなあいさつをしているのか考える。実際にことばにしながら文字を入れていく（文字がかけない場合はこちらで書く）。いろいろなあいさつの場面プリントを見ながら、あいさつを考え、絵から状況や対応を考える練習を行なう。

63 絵を見て考えよう

材料など ❻❺

作り方
わかりやすい場面を表したイラストを使ってプリント教材を作製する。それをプリントアウトしラミネートして使用する。

― ねらい ―
- 概念化1水準
- 概念化2水準
- 絵から状況や流れを考える

― 使い方 ―
絵を見て話をしながら状況について考える練習をする。「『痛い!』と言ってるのは誰でしょうか?」「怒っているのは誰ですか?」「なぜ、怒っているのですか?」「何が当たりましたか?」「誰が投げましたか?」など、質問をしながら考えていく形がわかりやすい。絵の状況から直接的に考える段階が概念化1水準、絵の状況を基に経過や今後を考えるのが概念化2水準である。

64 感情を表すことばの理解

材料など ❻❺

作り方
感情を伴う場面のイラストを使って課題用プリントを作製する。それをプリントアウトしラミネートして使用する。

― ねらい ―
- 概念化1水準
- 概念化2水準
- 抽象的なことばの理解
- イラストの表す状況の理解

― 使い方 ―
いろいろな場面を表したイラストの入ったプリントを示しながら、この中で「悲しいをさがしましょう」「どうして悲しいのでしょうか」といった質問を投げかける。子どもは絵の様子から該当するものを選択する。そのときにことばの意味を考え、確認する作業がなされる。その際、「どうして」と深く考えていくことで、概念化2水準へと展開していく。

65　音韻数の学習

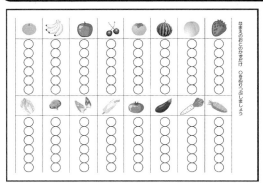

材料など ⑥⑤

作り方
　馴染みのある固有名詞のイラストを使って、そのことばの音韻の数だけ○を塗りつぶしていけるように作製したプリント。それを印刷してラミネートしておく。

ねらい
- 概念化1水準
- ことばの音韻数の把握と意識化

使い方
　上にあるイラストのことばの音韻数だけ下の○を塗りつぶす課題。ラミネートしているのでホワイトボード用のペンで塗りつぶせば、消すことができる。
　音の数を意識することで、ひらがなの学習へつなげていきたい。
　子どもによっては、塗りつぶすよりもシールやマグネットを貼るといったやり方のほうがいい場合もある。

66　一文字ことばの学習

材料など ⑥⑤

作り方
　一文字ことばになるイラストを選び、該当する文字と合わせたプリントを作製する。それを印刷してラミネートして使用する。

ねらい
- 概念化1水準
- 概念化2水準
- 具体物を表す記号としての文字を知る

使い方
　一つひとつ絵と文字を確認していき、絵にあるものと文字とのつながりを確認していく。文字が中抜き文字になっているので、ホワイトボード用のペンでなぞることで絵と文字とのつながりを印象づけていく。
　次に、絵だけのカードを用意しておいて、発音せずに文字だけを見せて、カードと合わせていく練習をする。

67　場面に合ったセリフを考える

材料など　㊿

作り方
　イラストを使って、わかりやす状況を作り、そのときに出ることばを考えられるように吹き出しをつける。それを印刷し、ラミネートして使用する。

ねらい
- 概念化１水準
- 概念化２水準
- 場面、状況の理解
- 思いの言語化
- 他者の代弁

使い方
　場面の状況について話をしながら、場面の理解を促す。そこからどのようことばを言っているのかを想像してみる。「お母さんはなんて言ってると思いますか？」「男の子はなんと言ってると思いますか？」というような質問が考えやすい。実際に自分の経験とつないだり、その場面を簡単に再現したりしながら、考えを進めていけるように援助する。

68　二文字のことば

材料など　㊿

作り方
　同じ文字から始まる２文字のことばを集め、図のようなプリントを作製する。ホワイトボード用のペンで書けるようにラミネートしておく。

ねらい
- 概念化１水準
- 概念化２水準
- 文字と固有名詞の関係理解
- 文字を覚える

使い方
　ことば、発音を確認しながら文字を枠に入れていき、具体物と文字との関係の理解を促していく。
　文字の組み合わせにより、表すものが違ってくること、一音に一文字が対応していることなどを伝えていく。
　また、書くことで文字を覚えていく。

69　しりとり

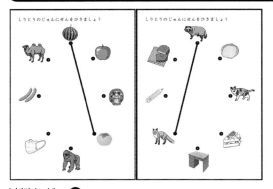

材料など　65

作り方
しりとりに該当するイラストを並べて線でつないでいけるように配列する。プリントを印刷してラミネートしておく。

ねらい
・概念化1水準
・ことばの操作
・つながりを考える

使い方
イラストの名前を確認し、しりとりのルールを説明し、見本と同じように絵を確認しながら線でつないでいく。
ことばの音がつながって、また別のことばになっていくというしりとり遊びをことばの遊びとして楽しみながらできるようにする。

70　文作り用イラスト

材料など　65

作り方
三語文で表しやすいイラストを集め、文作り課題用イラストを作製する。それを印刷、ラミネートして各イラストごとに切り取って考えるための提示用として使用する。

ねらい
・概念化2水準
・イラストの内容を文に表す
・絵の内容の読み取り
・三語文の構成
・ことばの使い方

使い方
まずは、イラストの絵を見ながら、誰が何をしているのかを考える。さらにそれをことばに置き換えて発音する練習をする。次にそれを文字に表し、書字する。最後に書字した文字を見ながら、その文がどのイラストに該当するのかを考える。
イラストは主語が明確になるように、動物イラストなどを使って、わかりやすくしている。

材料として使う格安グッズ

❶ タッパーウェアーの容器（3個セット）
　3色セット以外に白のみもある。

❷ プラスチックシート
　カッターで切れるので加工しやすい。

❸ 竹串（長さ12cm、200本入り）
　13.5cmや15cmなど、長さがいろいろある。

❹ クリアホルダーA4（10枚入り）
　紙を挟んでも外から見える。

❺ ビー玉（24個入り）
　箱入りなど、種類はいろいろある。

❻ ダボ（8mm×40mm、40本入り）
　他に6mm×40mmがある。

❼ 工作材料　円柱（30mm×30mm）
　球体や立方体も同じ30mmの大きさ。

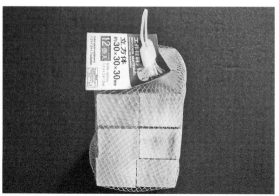

❽ 工作材料　直方体（30mm×60mm×15mm）
　30mm×30mm×15mmや30mm×60mm×30mmもある。

❾ カラーボード（赤、青、黄、白、黒）
　5mm厚、10mm厚の物がある。

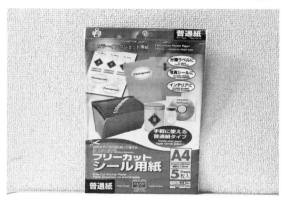

❿ シール用紙ノーカットA4（5枚入り）
　この用紙に印刷すれば糊付け不要。

⓫ クラフトマグネット小（15個入り）
　他にもサイズ違いがある。

⓬ マグネットダーツ

❸ グラスタワーゲーム
　緑、赤、黄、紫のミニグラス36個入り。

❹ 洗面台用ゴミキャッチ
　白、ピンク、薄緑の3色がある。

❺ 色付き紙コップ
　さまざまな色、柄の物がある。

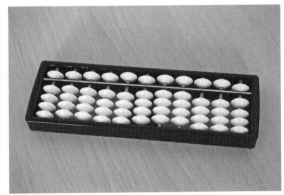

❻ そろばん
　白、黒、茶色の玉がある。

❼ 鉢受け皿
　色、大きさ、形の違う物がいろいろある。

❽ 蛍光色ペーパー
　黄色、黄緑、オレンジ、ピンクなどの色がある。

❶❾銀の鈴（直径2.5cm、5個入り）
サイズによって入っている数が異なる。

❷⓪強力マグネット（25個入り）
マグネットはいろいろタイプがある。

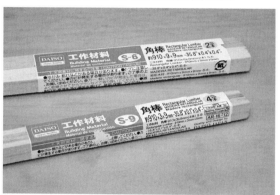

❷①工作材料角棒（910mm×3mm×9mm、4本）
サイズはいろいろある。

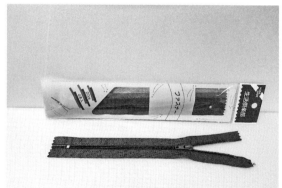

❷②ファスナー
色、長さなどいろいろある。

❷③紙粘土
文具コーナーにある。

❷④カーテンリング（25mm、10個入り）
色は白、水色、茶色がある。

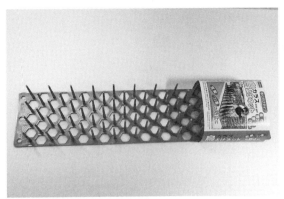

㉕ 鳥（カラス）除けネット
色違いで黒もある。

㉖ 猫よけシート
サイズにより、シートの枚数が違う。

㉗ 超強力マグネット（大、4個入り）
1/4サイズの8個入りもある。

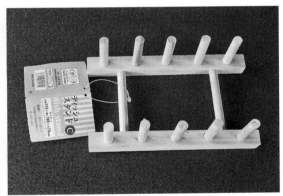

㉘ お皿立て
素材が竹の物と木の物がある。組み立て式もある。

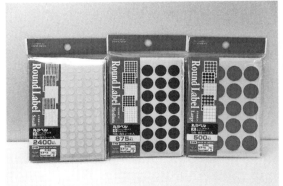

㉙ カラーラベル（白、8mm）
色や大きさはいろいろある。

㉚ デコレーションボール
いろいろな色がある。

㉛ ムービングボール
玩具売り場に置いてある。

㉜ ウッドボルト
手触りが優しく、しっかりしている。

㉝ カラープッシュピン
透明ピンだけのもある。

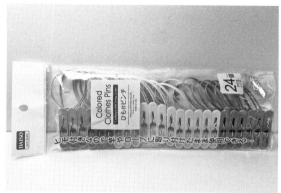

㉞ カラー紐付きピンチ（24個入り）
紐付きピンチは他にもいろいろある。

㉟ MDFボード（10cm×10cm、6mm厚、6枚入り）
大きなサイズもある。

㊱ グルースティック（8mm、24本入り、15cm）
ピンクもある。

❸❼ ホローボール（ゴルフ練習用）
赤、白、黄色の3色9個入り。

❸❽ ミニリモコンラリーカー
5種類ぐらいの車がある。

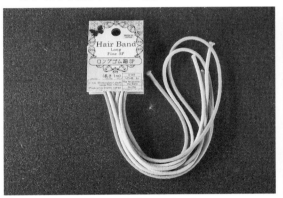
❸❾ ヘアバンド（ロングゴム、1m）
太さや色違いがある。

❹⓿ ビーズ
色、素材、大きさなどいろいろある。

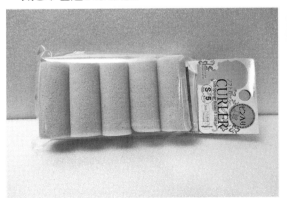
❹❶ マジカルヘアカーラー（6個）
太さの違う物、ソフトタイプもある。

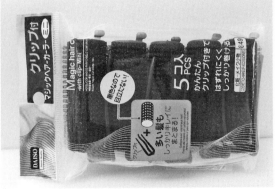
❹❷ マジカルヘアカーラー（黒、5個入り）
太さの違う物もある。

第2章　発達に応じた教材70とその材料66　71

㊸ ハンディ扇風機
　いろいろなタイプがある。

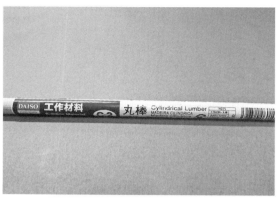

㊹ 工作材料（丸棒910㎜×21㎜）
　いろいろな太さの物がある。

㊺ カラフルベル（ベルト付き）
　少しの動きでもしっかり音が鳴る。

㊻ カラー湯たんぽ
　黄色もあり。さらに大きな物もある。

㊼ ピンポンボール（オレンジ６個入り）
　白の６個入りもある。

㊽ ゆでたまごケース
　２個セットで販売している。

㊾ 金属トレイ
いろいろな大きさ、形、素材がある。

㊿ 製氷皿

51 カラフルプラクリップ 大型
蝶のような形をしている。

52 バランスブロック
ジェンガとして使うおもちゃ。

53 カラーフェルト18cm×18cm（5枚入り）
いろいろな色のセットがある。

54 プラスチック洗濯板
ピンク色もある。

第2章 発達に応じた教材70とその材料66

製作に使用する工具やツール

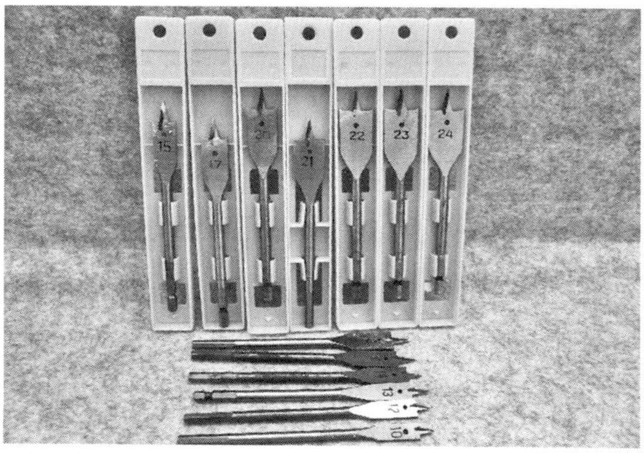

(55) ドリル刃（10mm～24mmまである）
柔らかい素材や薄い板の穴あけに利用。

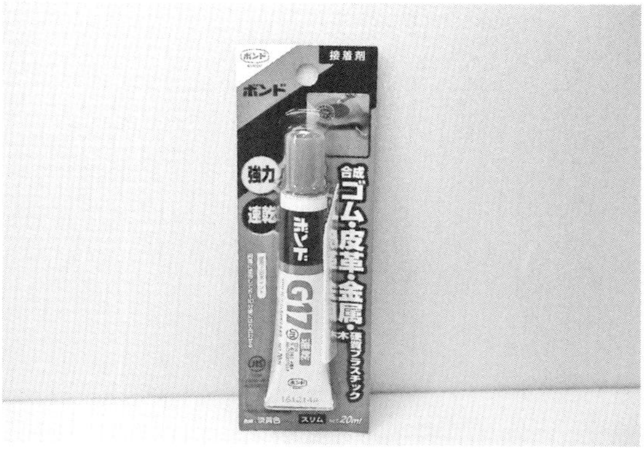

(56) ボンドG-17
合成ゴム系の接着剤。発泡素材は溶ける。

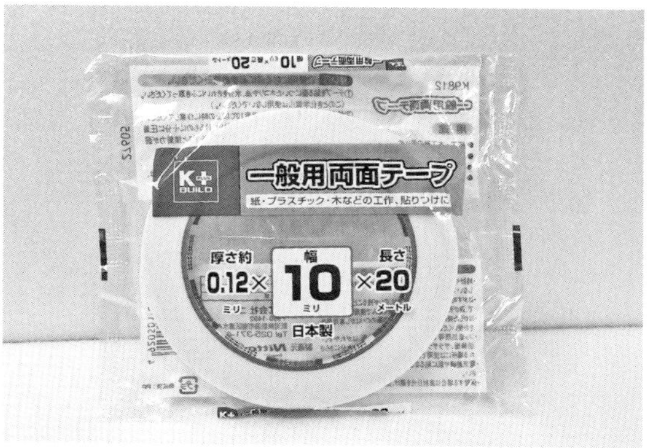

(57) 両面テープ（10mm×20m、一般タイプ）
幅、長さ、素材の違う物がある。

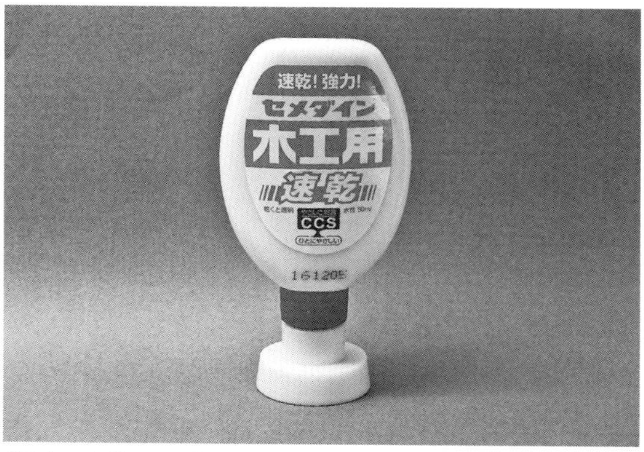

(58) セメダイン木工用　速乾
いわゆる木工ボンド。

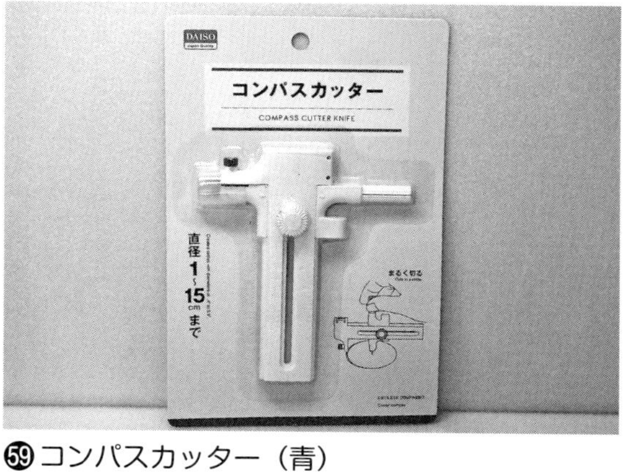

(59) コンパスカッター（青）
いわゆる円切りカッターのようなもの。

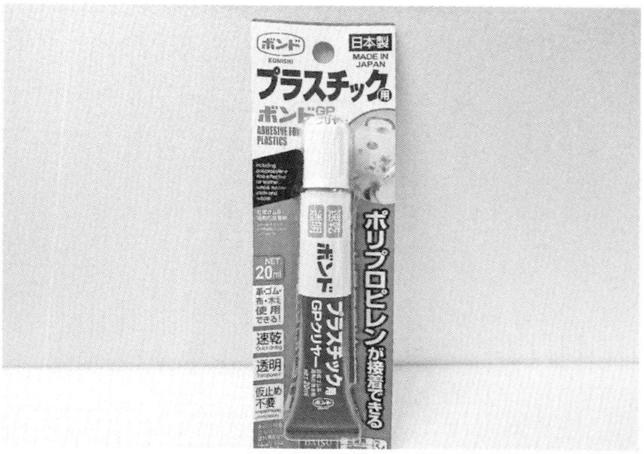

(60) ボンドプラスチック用 GP クリアー
同じタイプでペットボトル用もある。

100円ショップ以外の格安材料

❻❶ 蛍光ライン（墨壺用の糸）
ホームセンター工具売り場にある。

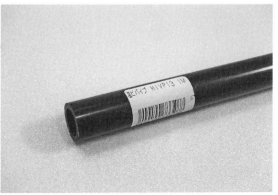

❻❷ 水道管用塩ビパイプ（いろいろな太さある）
ホームセンター資材売り場にある。

❻❸ メンギ（コンクリートの縁用）
ホームセンターの資材売り場にある。

❻❹ カッターの替え刃
よく切れる。ホームセンター工具売り場にある。

❻❺ ラミネートフィルム（150ミクロン）
ホームセンターの文具売り場にある。

❻❻ ダンプレート（色つきもある）
ホームセンター資材売り場にある。

第3章
指導事例

> 事例1　笑顔がキラリ輝く毎日に
> Ⅰ水準　感覚入力水準の例　[今ある動きを活用した指導]
>
> 奈良県立奈良養護学校　竹内　みずき

1　はじめに

　Kさんは、小学3年生の女の子です。うれしいこと・気持ちがよいことには満面の笑顔を見せ、嫌なこと・不快なことには渾身の力を込めて泣き、怒ります。好きなことは好き、嫌なことは嫌と、気持ちをストレートに表現するKさんに、家族や先生たちはついつい振り回されてしまうのですが、彼女のそういうところがかわいらしく、また魅力でもあるのです。

　Kさんは低酸素脳症による障害があり、CHARGE連合症候群とも診断されています。1歳になる前に胃瘻の手術、1歳半ごろに気管切開をしました。身体の緊張が強く、首の据わりは不安定で、座位をとることは難しいです。視覚障害、聴覚障害による、見えにくさ、聞こえにくさもあります。

　私がKさんと出会ったのは、彼女が1年生のときでした。そのときは他の先生がKさんを担当しており、私自身がKさんとかかわる機会は多くありませんでした。時々、かかわることのあったKさんに対して私は、「発作や痰が多くて、しんどそうだな」「覚醒の低い子だな」「やりとりが難しいかな」という印象をもっていました。3年生になったとき、私はKさんの担任としてかかわることになりました。

　「重症心身障害児」と言われる障害のあるKさんの、これまでの育ちを振り返りながら、特別支援学校小学部で学び成長する姿について、3年生になってからの様子を中心に報告します。

2　出生から気管切開をするまで

　Kさんは、通常分娩で生まれました。生まれてすぐは特に異常はありませんでした。しかし、母乳をうまく飲めないことから、総合病院を受診しました。そこで検査をしたところ、心臓の動脈管が閉じていない状態（動脈管開存症）であることがわかり、転院

し、NICU に入ることになりました。動脈管が閉じるのを促す薬による治療を始めましたが、その3日後に心不全を起こしました。緊急手術により、動脈管を閉じ、一命をとりとめました。

　呼吸機能や食機能にも問題がありました。胃食道逆流症と気管・気管支軟化症のため、ミルクをうまく飲めず、噴水のように吐いてしまっていました。呼吸困難によるチアノーゼで、顔が紫色になることも少なくありませんでした。また、誤嚥性肺炎にもたびたびかかり、少なくとも1ヵ月に1回は入院しなければならない状態でした。

　そのような状況の中、Kさんは1歳半ごろに心肺停止状態に陥りました。ある日、全身のむくみが気になり、夜中に病院に向かうことになりました。車中、Kさんの様子を見ていた父親が、Kさんが心肺停止状態になっていることに気が付きました。救急車に乗り、人工呼吸器が挿管されました。心肺停止に気づいてから約30分後、Kさんは蘇生しました。ICU に入ってしばらくしてから家に戻りましたが、そのときのKさんは全身に力が入った硬直状態でした。機嫌が悪く、ずっと泣いていたそうです。

　その後も肺炎を繰り返していたため、気管切開をすることになりました（咽頭気管分離は行なっていません）。気管切開をしてからは呼吸がしやすくなり、チアノーゼで顔色が悪くなることもなくなりました。身体の動きも少しずつ出るようになっていきました。

3　特別支援学校入学

　気管切開をしてからKさんは、PT・OTの訓練を受けたり療育施設に通ったりするようになりました。その頃には背這いで活発に動いていたKさんでしたが、家の外ではそのような姿を全く見せなかったと言います。彼女は、人とのかかわりや場所の変化に対して敏感に反応していたようです。

　特別支援学校への入学も、Kさんにとって大きな環境の変化でした。学校生活が始まる上でKさんにとって大きなハードルは、「座位保持車椅子に座って過ごす」ことでした。入学するまでは、床に降りて身体を伸ばして過ごすことがほとんどでしたので、Kさんは全身に力を入れて怒るか、目を閉じてしまうかといった様子で抵抗していました。それまでは何事もされるがままだったKさんが、この頃はちょうど「拒否」を「目を閉じる」という行為で表すようになってきていた頃だと保護者は振り返っています。私は、Kさんは「覚醒状態の低い子」だという印象をもっていましたが、それは「目を閉じる」という行為でKさんがしっかり意思表示をしている姿であったということを気づかされました。

　車椅子では拒否感の強いKさんでしたが、床に降りているときは両足を元気に動かして活発な姿を見せていました。そこには、「動きたい」「じっとしていたくない」というKさんの気持ちがありました。

　健康面は、てんかん発作への対応・体温調節に加えて、医療的なケアとして、胃瘻部から水分と食材の注入・気管切開部からの吸引・胃瘻部および気管カニューレと人口鼻の衛生管理が必要でした。日頃から痰の量が多いのですが、Kさんは基本的に自分の力で気管カニューレより排痰することができます。人工鼻のフィルター部分は、自己排痰により目詰まりしてしまう可能性があるため、取り外して使用しています。痰が出にくいときに限り吸引をするようにしています。

　身体面では、緊張が入りやすく、腕は肩から力が入って引き込んでいました。腕が伸びにくく血行が悪くなるので、寒い時期になると両手が紫色に変色してしまうことも気になりました。脚は股関節の緊張から内旋・内転していました。車椅子座位では膝裏が伸びにくく縮こまっていますが、仰臥位になると、脚を交互に曲げ伸ばしすることができました。

　認識面については、「揺れ」や「振動」といった初期感覚が入りやすく、抱っこやトランポリンで身体を揺らしてもらうと笑顔を見せました。机上の課題としては、振動するおもちゃや手作り楽器などを使って、受身的ではなく、好きな感覚を使って外界への気づきを促すような学習を積み重ねていきました。

　座ることが苦手だったKさんは、2年生までは車椅子に座っていても、30～45度、チルトを倒して、できる限り寝ている状態に近い姿勢で学習していました。

　発作や痰の状態の悪化など、体調が整わない時期もありましたが、Kさんのペースを大切にしながら学校生活を送った初めの2年間でした。

4　3年生1学期【姿勢づくりと個別課題】

　3年生になったばかりの頃のKさんは緊張が強く、覚醒している時間が短い状態でした。目覚めていても、腕や足をぐっと固めて、身体を反らそうとする力が強く、車椅子座位よりも床に降りて過ごす方が楽なようでした。手も血行の悪さから紫色になってい

ました。
　家庭訪問に行くと、Kさんは仰臥位でお気に入りの場所に寝転び、首を反らせ見上げるように視線を送って出迎えてくれました。家では背這いで家中を自由に移動しているKさんです。足で蹴って頭の方向へ進むのですが、視線は方向を定めるかのように頭の上の方に向けられています。普段、そのような姿勢で生活しているKさんにとっての「前」は「頭の上」なのでした。人間が手を使うとき、最も効率が良いのは「お腹の前」です。Kさんが手を使ってよりよい学習を行なうためには、まず、認知空間として大切な「前」の位置感覚を「頭の上」から「お腹の前」まで降ろしてくることが必要でした。

　まず、学習しやすい身体づくりを目指した身体の取り組みを行ないました。股関節や骨盤へのアプローチから体幹の柔軟性を引き出す取り組みを行なったり、腕の動きや呼吸を改善するために肩や胸、肩甲骨の柔軟性を高める取り組みを行なったりしました。また、自分で身体の軸を意識して姿勢を保ったり、ヘッドコントロールをしたりする取り組みも行ないました。腕を前に伸ばして大きく動かすなど、ボディイメージの向上を目指す取り組みも行ないました。
　引き込んでいた両手が、よく伸び、いい色になってきたのはGW明けのことでした。いろいろな先生に、「最近、手、いい色をしているね」と声をかけられたり、母親からも「訓練の先生にも『最近腕がよく下りているね』って言われました」と報告があったりしたのも、この頃でした。気候が良くなってきたのと同時に、例年よりも肩の緊張が楽になってきたかもしれないという手ごたえを感じました。
　次に、Kさんがより学習に気持ちを向けて意欲的に取り組めるようになるためには、「わかる」感覚をしっかりと感じ取り、その感覚を自分で楽しめるようになることが必要

でした。個別課題では、机上のものに触れたり腕を動かして操作したりする学習に取り組みました。学習内容は、本人にとってわかりやすい感覚刺激を活用し、手を使って感覚への気づきを促し、受け入れる力を高めていくことを大切にしました。

【個別課題①】「ぶるぶる」で遊ぼう（身体編）

　おもちゃを右手で握り、大好きな振動を感じてうっとり気持ちよさそうな表情のKさん。しばらく握っていると、あるとき偶然身体に力が入り、手を引き込む動きが出ました。そして、おもちゃの先端がちょうどKさんの肩に当たりました。すると、振動が止まってしまいました。「おや？」という表情で振動がなくなったことに気づいたKさん。しばらくすると力が緩み、腕が伸びておもちゃが身体から離れました。すると、再びおもちゃが振動し始めました。繰り返しているうちにだんだんとその仕組みがわかってきたようで、自分で腕の曲げ伸ばしをして振動を止めたり起こしたりして遊ぶようになったKさんでした。

【個別課題②】「冷たい」にタッチしよう

　手が冷えがちなKさんは、湯たんぽに触れると、気持ちよくてじっとしています。しかし、保冷剤に触れると、身体が飛び跳ねるほどびっくりします。引き込んでいる手を教員と一緒に伸ばし触れてみます。1回目はびっくりしてすぐに手を引き込みました。しかし、繰り返しているうちに、『びっくりするけど、気になるな』という様子で、自分から腕を伸ばしてきました。触れては手を引っ込め、また触れることを繰り返しているうちに、保冷剤に触れている時間も長くなりました。慣れると手のひらで抑えるように触って、目をくるくるさせながら冷たさをじっくりと感じていました。

　机上の学習と並行して、Kさんの好きな全身を動かす学習にも取り組みました。

【個別課題③】スケボーでGO！

　スケートボードに仰臥位で乗り、背這いの要領で蹴って進む遊びです。もがくように足を動かしている中で、時々うまく床を捉えることができると、「びゅーん」と大きく進みます。床でする背這いよりもスムーズに進む楽しさから、Kさんの大好きな活動になりました。

　冷温（触感覚）に対しても振動（固有感覚）に対しても、強すぎる刺激や初めての刺激には『ドキッ』として身体に力が入り、手を引く動きが出ていましたが、刺激に慣れ、受け入れられるようになった頃には、自分から腕を伸ばす動きが出てきました。さらに刺激に興味がもてるようになると、自分のタイミングで触れたり手を離したりするようになりました。

　また、Kさんの「動きたい」「じっとしていたくない」という気持ちに応える学習も取り入れたことが、学習に励みになっていたのではないかと思います。「好きな物は好き、

嫌なことは嫌」と、自分の気持ちをストレートに表せるKさんが、どの学習についても興味をもって一生懸命取り組む姿に、大きな成長を感じました。1学期が終わる頃には、学習時だけでなく、学校生活のほとんど上体を起こした車椅子座位姿勢で過ごせるようになっていました。身体が緩むことと同じくらい、心のゆとりが、姿勢の受け入れにつながっているのかもしれません。

5　3年生2学期【学習の広がり】

　2学期の個別課題では、手を使って外界のものを捉え、自分の身体の動きで変化をさせるとこがねらいとなりました。

【個別課題④】「ぶるぶる」で遊ぼう（箱編）

　振動するおもちゃを自分の身体に当てて遊んでいたKさん。自分の中で完結していた遊びから、外に働きかけるような遊びにできないかということで、腕が伸びてくる位置にプラスチックの箱を設置しました。そこにおもちゃの先端が当たると、振動が止まります。Kさんはすぐに仕組みがわかり、自分で当てたり離したりして遊ぶことができるようになりました。箱の位置をわざと少しずらすと、「あれ？」と探るような動きも出てきています。

【個別課題⑤】ウクレレを鳴らそう

　Kさんの右手は曲げ伸ばしが得意である一方で、左手は、腕をまっすぐ伸ばし、手のひらで押さえるような動きが得意です。その動きを使って、ウクレレを鳴らして遊びました。初めはウクレレの本体に触れて、先生がかきならすことで伝わってくる振動を感じて楽しみました。ポローンと1本の弦をはじく小さな振動でも笑顔になっていました。次は、Kさんが鳴らしてみせます。左手がウクレレを捉えると、下方へ押さえつけるように腕に力が入ります。そのまま腕を下へ下ろしていくことで、指先で弦を弾いて音を鳴らすことができました。手に力を入れるときは、手元を意識するかのように視線も左を向きます。弾き終わると腕を引き込みますが、「もう1回する？」とウクレレを見せ誘いかけると、また左手がウクレレを探すように動き出します。弦を弾く感覚が好きで、何回も繰り返して鳴らして遊んでいます。

【個別課題⑥】'新'スケボーでGO！

　Kさんの身体に合わせたスケボーが出来上がりました。低床になり、足の動きが床に伝わりやすいものになりました。要領を得ると両足をぐいぐい動かして、移動するスピードも速くなってきました。スケボーに乗っているときは、とても真剣な表情をしているKさん。壁伝いに進んだり、教室を左回りにくるくる回ったり、自由に遊んでいます。

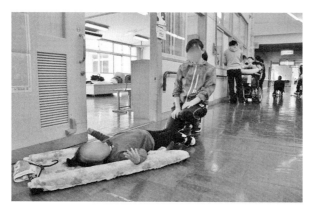
　個別学習を積み重ねる中で、Kさんは刺激を楽しむだけでなく、自分の手や腕、身体を操作し、楽しみの世界を広げていきました。
　そして、これらの学習の成果を、学校行事でも発揮することができた2学期でした。2つ紹介します。
　本校では、全校児童生徒で班別活動をする「ふれあい広場」という時間が年間6回あります。1つ目は、その活動の中で「校内清掃」を行なったときのことです。児童生徒がそれぞれ決まった場所を、自分ができる方法で清掃します。Kさんはスケボーを清掃車に改造（モップを取り付けた）して参加しました。清掃車を足で蹴って前進させながら、廊下をきれいに掃除することができました。その姿に、先生も先輩たちもびっくり。でも、「Kちゃん、すごいね」とたくさん声をかけてもらいました。一生懸命掃除して、最後は疲れて自ら休憩をとっていたほどでした。この様子を母親に報告すると、「今度、家も掃除してもらおうかな」と、素敵なほめことばをもらったKさんでした。
　2つ目は、学習発表会のことです。3年生は「ライブアート」に挑戦しました。舞台上で1枚の布に3年生のみんなで絵を描き、大きな旗を完成させるパフォーマンスです。Kさんは電動歯ブラシにスポンジを付けた、「ぶるぶる震える筆」を使って絵を描きました。おもちゃと同様、右手で握ると筆を上下させる動きで絵を描くことができました。

6　変わってきたこと

(1)　身体の緊張について

　緊張のコントロールが上手になってきたと感じています。血色の悪かった手は、寒い時期こそまだ紫色になることはあるものの、腕の緊張を緩めて伸ばしてくることがスムーズになり、温かく血色の良い手で過ごせる時間が増えてきました。車椅子座位も、身体を座面に預けて、無理なく座っていられるようになりました。
　私が一番変化を感じたのは、トイレでのKさんとのエピソードです。昨年度からの引継ぎによると、Kさんは「おむつ交換を嫌がる」とのことでした。ベッドに寝転び、先生がおむつを外した瞬間、全身にぎゅっと力を入れて怒ります。両足を内旋させる力で、脚が開かず、お互いに辛い時間でした。私は、Kさんの身体に力が入ってしまわないよ

う、両脚を持ち上げて身体を丸くさせたり、素早く交換できるよう、おむつを広げて準備して置いたりするなどの工夫をしました。また、Ｋさんを車椅子から降ろすときには、「Ｋさん、先生も早く交換できるように頑張るから、Ｋさんも怒らないでいようね！」と約束をしたり、「あと10秒で終わるからね！」とベッドで怒っているＫさんを励ましたりしていた春でした。6月頃のことでした。1日の中で1回は怒らずにおむつ交換できる日が出てきました。とてもうれしかった私は、「頑張ったね！」とＫさんを抱っこして褒めました。夏休みが明けてから、怒ることがさらに少なくなり、リラックスして交換できる日が増えました。とても大きな変化でした。それは、Ｋさん自身が自分の身体を理解し、楽な姿勢を取れるようになってきたからではないでしょうか。「先生も頑張るから、Ｋさんも頑張ろう」という私の一方的な約束が、今ではそれに応えようとするＫさんとのやりとりとなって続いています。

(2) 覚醒状態について

　目を開けて、周囲に気持ちを向けて過ごす時間がずいぶん長くなりました。体力が付き、起きていられる時間が長くなったことも考えられますが、あわせて、個別課題を通して、感覚を受け入れることや活用することの楽しさがわかり、学習に対する意欲的な気持ちが育ってきているからではないかと考えています。最近は、「これから課題の勉強を始めます」と始まりのあいさつをすると、「今日はどんな勉強をするのかな？」とこちらに期待をしているような雰囲気のＫさんです。そして、実際に課題に取り組むと、いろいろな感覚に対する反応が早く、身体の動きもスムーズに出るようになってきています。また、個別課題の場面だけではなく、グループ学習や学校行事などの大きな集団の中でも、「これから何が始まるのかな？」と周囲に気持ちを向けて待っている姿も増えてきています。学習を通して、自分の感覚の中で過ごすのではなく、人やものに気持ちを向ける楽しさがわかり、目を閉じシャットダウンする必要がなくなってきたからこその、Ｋさんの変化ではないでしょうか。

(3) コミュニケーションについて

　最近のＫさんは、「反応がわかりやすくなった」「表情が豊かになった」と、いろいろな先生に声をかけてもらいます。覚醒状態が良くなり、Ｋさんがいきいきとしている時間が増えたことにより、学級や学部を超えて、いろいろな人とかかわれる機会が増えたことが大きいと思います。もともとは知らない人や初めての場所には敏感に反応して、じっとしているタイプでした。しかし、今のＫさんは、「抱っこしてくれている先生は誰かな？」「そばにきてあいさつしてくれている友だちは誰かな？」など、人とのかかわり

に興味を示すようになってきています。初めてかかわる人とでも、そのかかわりが楽しいことや気持ちがいいことが起こると、かわいい笑顔を見せる場面も出てきました。懸命に周りの世界を把握しようとするKさん。コミュニケーションの輪もその力で、自ら広げつつあります。

(4) 気持ちについて

　苦手であった車椅子座位の姿勢を受け入れられたことは、Kさんの学習において大きな変化でした。受け入れられるようになった背景には、姿勢作りの取り組みや緊張のコントロールの上達があるかもしれませんが、加えて、スケボーを使った学習のように、「じっとしていたくない」「動きたい」というKさんの思いを受け止められたことが、Kさんの苦手を乗り越える力になったのではないかと思います。

7　おわりに ── Kさんの笑顔がもっと輝くように

　今、Kさんは、芽生えかけていた学習への意欲を花開かせようとしているところではないでしょうか。身体の緊張のコントロールが上手になり、苦手だった車椅子での学習を、無理なく受け入れられる身体になってきました。そして、揺れや振動、温覚などのKさんが「わかる」感覚を、ただ感じさせてもらうのではなく、自分の身体を動かして求めるようになってきました。Kさんが「もう1回、ぶるぶるさせようかな」「もう1回、ウクレレ鳴らしてみようかな」と、目をくるくるさせながら腕をそうっと伸ばしてくる姿、そして、それがうまくいったときの満面の笑顔は、何よりも輝いています。その笑顔を、これからもっとたくさんの場面で、もっといろいろな人と一緒に輝かせていけることを求め、取り組んでいかなければならないと思います。そのためには、どんなことを大切にしなければならないでしょうか。1つは、「わかる」感覚を広げていくことです。振動などの、すでにわかりやすくなりつつある感覚だけでなく、触れる、聞く、見るなどの感覚もしっかり感じ取れるようになることが、Kさんの学習を深め、生活を豊かにすると考えます。もう1つは、「わかる」感覚を求めようとする気持ちを、自分の身体をコントロールするためのエネルギーに変え、より使いやすい身体になって、「できる」ことを増やしていくことです。自分から学ぼうとする気持ちが育つことが、自分の身体と向き合うことにつながるのです。Kさんが、周りをとりまく世界の主人公になること、そして自分の身体の主人公になることで、「わかる」ことや「できる」ことが増え、学びが積み重なっていくのです。そして、そこにはもっとたくさんの光り輝く笑顔が生まれることを期待しています。

> 事例2　自分の身体と仲良くなること
> Ⅱ水準　感覚運動水準の例
> 　　　　［自分の身体に向きあいながら進めた指導］
> 　　　　　　　　　　奈良県立奈良養護学校　深田　竜一

1　はじめに

　MCT8欠損症という珍しい診断名のついた男の子Ｓくん。正式名称は「Allan Herndon Dudley 症候群（AHDS）」といいます。
　MCT8（SLC16A2）変異による甲状腺ホルモン輸送障害が原因で、重度の認知障害、乳児期の筋緊張低下、筋肉量の低下と全身の筋力低下、進行性痙性四肢麻痺、関節拘縮、そして特徴的な発作性または運動誘発性ジスキネジアを伴うジストニー、またはアテトーゼ運動が特徴です。
　Ｓくんの身体は、進行性の障害とは明記されていませんが、機能は低下していくことがあるそうです。
　Ｓくんが小学校へ入学して私と出会って間もない４月。家庭訪問で保護者から、Ｓくんのことを教えてもらうときに、「いずれ気管切開をしなければなりません」と言われ、保護者の覚悟のようなものを教えてもらって帰校したことを覚えています。
　とにかく、この頃のＳくんは、自分の身体が自分のものではないといったような感じでした。この困難さを乗り越えるためには、自分の身体に気づくこと、そして意図して身体を動かそうとすることが必要でした。自分の身体なのに友だちになれず、思い通りにならない身体への不安や苛立ちが、笑顔よりも泣き顔の印象を強くさせていました。
　小学校へ入学する前からも、意欲はあるけれど身体を動かそうとするとうまくいかずに悔しい思いをしてきたＳくん。自分の身体に諦めてしまったかのような時期もありました。
　自分の意志とは違い、予想もしなかった動きが勝手に出てしまうＳくん。Ｓくんが、小学校に入学して、「姿勢づくり」という難しい課題に先生と一緒に向き合ったり、思い通りに自分の身体を動かして「もの作り」を経験したりする中で、少しずつではありますが、自分の身体に対する苦しい気持ちから、身体をコントロールできる余裕が生まれ

ていきました。

　ここでは周りの人や物への興味をもてるようになることで、「しんどい」が「楽しい」に変わっていった様子を紹介します。

2　生まれた頃のこと

　Sくんは、2006年8月に誕生しました。妊娠、分娩での異常はなく母乳期間中も上手に飲むことができていました。

　この頃、お父さん、お母さんはSくんに対して少しだけ、気になることがありました。それは、表情が乏しいということでした。各月の健診でも指摘され、ボーッと1点を見つめるだけで、視線の合わない様子が気になっていたそうです。

　その他にも、首が据わらないこと、身体の軸がグニャグニャで安定しないこと、反応も鈍くて視線を合わせにいくとすぐに目が逸れることなどの様子がありました。そのような時間を半年ほど過ごした後の7ヵ月健診で異常が発見されました。

　これまでに、何度も受診を繰り返す内に、ようやくたどり着いたのが、2歳前後に初めて受診することになった、大阪大学医学部附属病院でした。ここでの入院でSくんの障害名がはっきりすることになりました。つまり、この病院に入院したことで、MCT8欠損症という診断を受けることになるのです。

　家族がずっと悩み、不安に思っていたことの結果は、2年ほどの月日を経てようやく障害名としてはっきりしました。しかしそれだけでは、何の解決にもなってはいませんでした。

3　家族以外の人との交流

　Sくんは、奈良市内にある東大寺福祉療育病院の通所施設「華の明(はなあかり)」へ1歳5ヵ月頃から通っていました。ここで、家族以外の人との接触が増えて反応も変わって来たそうです。「ア～」「ウ～」と声が出だしたのも、「華の明」へ通うことがきっかけになったそうです。ここでは、言語聴覚士（ST）、作業療法士（OT）、理学療法士（PT）といろいろな人に成長を見守られることになりました。

　例えば、STのアドバイスを受けて家で食べている食形態も、はじめは玉子をつぶしたものやおかゆでしたが、さらにドロドロにすり潰した食形態へと変更し、Sくんが少しでも力を入れずに食べることのできる環境を整えていきました。

　平常時でも緊張が入り、身体を弓なりに反らしてしまうSくんですが、PT、OTとの

連携から椅子に座る活動にも取り組んできました。自分の意志で身体をコントロールすることはまだまだ難しいのですが、仰臥位や抱っこが中心の日中活動から、少しずつ椅子での活動も取り入れてきたそうです。

　3歳頃から、椅子を使った活動にも慣れ、少しずつ座ることができる時間が増えてきたそうです。同時にその頃から、家族を認識している様子が増え、5歳頃には、家族以外に好きな人や嫌いな人の区別ができはじめてきたそうです。Sくんの「わからない」「できない」サインを早くに受け止めてくれる人が、好きな人へと発展していったのでしょう。周りの大人は、そんなSくんの様子をきっとにこにこして見守ってきたのだと思いますが、周りのにこにこが、小学校入学を前に徐々にどきどきへ変わっていきます。

　入学を目前に控えたあるとき、「学校へ行ったら椅子に座って給食食べるらしいで」「勉強は椅子に座ってするらしいで」と、このような先輩たちからの情報が、周りの大人たちの耳に入ってくるようになりました。もうすぐ、小学校への入学というビッグイベントが迫ってくることへの焦りでしょうか。お父さんやお母さんは、かしこくなってきたSくんではありましたが、「小学校へちゃんと登校できるのかな……？」という不安がとても大きくなっていたようです。

4　Sくんの「すき」「きらい」

　小学校に入学する前のSくんのエピソードをもう少し紹介します。4歳頃から始めたお父さんと行く肢体不自由児クラスのスイミングでは、当初は水が苦手だったけれど、少しずつ慣れてツボにはまれば、キャッキャと大興奮で脚をバタバタさせることができました。また、隙を見つけては、「お父さんに抱っこしてもらおうかな？　やっぱり、お母さんにしてもらおうかな、お姉ちゃんもいいな」と、抱っこをしてもらおうと虎視眈々と狙っているキラキラした大きな目がお父さんやお母さんの自慢でした。

　また、就学前での療育でも楽しい経験をたくさんさせてもらってきたようです。特に音楽活動や揺れる活動が大好きなようで、ファシリテーションボール（直径1メートル弱もある大きなゴム製のボール）に乗って、ゆらゆら揺れて大きく傾いてみたり、トランポリンに乗って身体が飛び跳ねるほど、揺らしてもらったりすることが、お気に入りでした。

　リハビリや、好きな遊びなど自分の身体を意識できるような取り組みを通して、依然として首が据わらないSくんではありましたが、身体の軸を意識して力を入れるようになったそうです。

　楽しい活動だけではなく、苦手な活動もたくさん経験してきたようで、苦手な活動と

いえば、制作活動でした。手で触るといった活動は苦手なようで、泣いてしまうＳくん。触る素材によっても様子が変わり、特にスライムや片栗粉粘土は、触った途端に泣いて怒ってしまうこともありました。

　好きや嫌いの気持ちは、長いまつげの大きな目を使い、支援者に気持ちを伝えようと力強く光を放ちます。私と出会った頃の、力強い光をもった目はこのようにして獲得されたのでしょう。

5　出会い

　奈良養護学校小学部に入学した当時を振り返ってみます。入学式の当日、待合室での出会いが最初でした。

　待合室で出会ったときのＳくんへの思いを、一言で表すとすれば「……」がちょうど良い表現かもしれません。絶句にも似た何とも言えない辛さが伝わってきました。

　目がつり上がり、周囲の動きが視界に飛び込んでくる不安と闘いながら、お母さんとお父さんと一緒にいるＳくん。とにかく身体に力が入り、今にも泣き出しそうなＳくんです。

　先生や友だちのお父さん、お母さんが目の前を横切るのが視界に入るだけで、身体全身に緊張が入ります。一度入った緊張は、なかなか自分では抜くことができませんでした。そんなＳくんとの出会いは、今振り返ると、身体・姿勢の緊張の強さやコントロールする難しさは、情緒面に不安という形で表われてしまい、課題に向き合う心の育ちに困難がありました。そこで、生活上、学習上の困難となることについてＳくんの自立活動を考え直し、自立活動そのものを勉強し直すきっかけとなる時間だったと思います。

6　「できる」と「怖い」──１年生

　そんな不安がいっぱいで怯えているようなＳくんでしたが、１つだけ得意そうに披露してくれたことがあります。それは、仰臥位の姿勢です。この姿勢のときは、なんだか自身満々な表情で周囲の様子を伺うような余裕さえ感じます。特に、長いまつげの大きな目は、いろいろなところを見ていて、いろいろな表情をします。私がＳくんを大好きになったきっかけでもあり、この素敵な目をいろんなことに使えたら良いなと思いました。

　仰臥位の姿勢はＳくんにとって余裕綽々になれる特別な姿勢でした。しかし、この姿勢だけで過ごしていくには、少々もったいないと感じました。このままでもＳくんは、十分活躍してくれそうでしたが、まだまだ６歳なので、可能性を探りたくなります。ど

のような姿勢であれば、自慢の仰臥位のように得意げになって
くれるかな？　そんな思いをもとに、とりあえずはＳくんと手
探りです。

　学校内で姿勢のことが得意な先生にアドバイスをもらったり、
ＰＴの先生に相談したり、とにかくＳくんが受け容れることので
きる取り組みは何があるのか、どんな取り組みからスタートす
れば良いのか、情報収集をすることが、Ｓくんにしてあげた初め
ての仕事でした。

　まず、Ｓくんと私の２人で取り組みをはじめたのが、得意の仰
臥位を活かして、少しずつ角度を起こしていくところからです。

　傾きを感じてＳくんは自分の姿勢が変わったことに、「あれあ
れ？」と感じるところが姿勢作りの学習のスタートでもあり、難
しさでもありました。いくら得意な仰臥位でも、少し角度を起こすだけ
で、背中に力を入れてピーンと弓なりに反ってしまうＳくんは「あれあ
れ？」と感じる余裕が、まだありませんでした。

　この取り組みは慎重にそしてＳくんが嫌な取り組みにならないよう

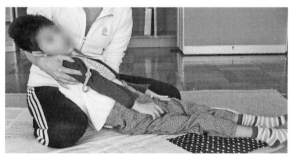

に、少しずつＳくんの顔色をうかがいながらやっていきました。この、少し角度をつけ
る姿勢にＳくんが慣れたきっかけは、得意な仰臥位と、この姿勢との違いを考えたこと
でした。身体を預ける面積の大きさで安心感が変わるかも？　との考えから、角度を起
こしてくるときには、私のお腹にＳくんの背中をピッタリとくっつけることが必要だと
考えつきました。これをきっかけにして、お互いが歩み寄って少しずつ変化に対して「あ
れあれ？」を感じてもらいながら取り組んでいくことができた気がします。

　このとても地味な取り組みは、私とＳくんにとって、とても大きなスタートとなりま
した。何から始めたらよいのかわからなかった私と、姿勢が変わることがとても嫌だっ
たＳくんはお互いに支え合って過ごしていたような気がします。１年生の１年間の取り
組みで、少しずつではありますが、姿勢の変化を受け容れてくれるようになりました。
時には角度を起こしたままの姿勢でも力を入れずに過ごしてくれることもできるように
なりました。

　自分の身体なのに友だちになれず、言うことを聞いてくれない身体とＳくんは時間を

かけて向き合い、一生懸命毎日を過ごしていきました。

7　ボクの新車がやってきた

　さて、2年生になると、Sくん専用のピカピカで綺麗な青色の車椅子がやってきました。なるほど、Sくんにぴったりの車椅子は乗り心地も良さそうです。この車椅子に座れば、5分くらいなら1人で座っていることができました。その姿にとても驚きましたし、それはSくんにとっては大きな一歩でした。もちろん、座っているためには、「心理面が安定していること」「身体の状態が比較的に楽そうであること」「なにより嫌がらないこと」の三大条件が必要なのですが……。

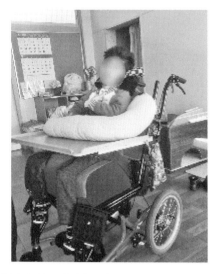

　環境が整うことで、Sくんにとってこのたったの5分という時間は、「おー！　なんだコレは‼」と、Sくんが今まで知らなかった世界をわかる世界へと変えていくことができる大切な時間でした。この車椅子座位は視界が高くなり、たくさんのものや人が見えて、目の前の景色が信じられないほどに開けたのではないでしょうか。

　車椅子座位ができるのは、授業の始まりの挨拶の5分程度でした。それ以上の時間であったり、挨拶や呼名活動が終わる頃には、身体全体に力が入ってくるので、車椅子から降りての活動に変更です。

　この頃のSくんの変化といえば、目を使って周りの様子を眺めて、今自分に何が起こっているのかを把握しようとする感じも出てきた印象です。

　学習内容の取り組みに関しても、たくさんの身体を使うための教材を利用して、いろんな姿勢を経験することが大きな目標となっていきました。

　例えば、ファシリテーションボールを胸の前で抱っこさせてもらい、前方のボール

に身体を預ける学習や、三角マットを胸の下に入れた腹臥位にも頑張りました。

　このように、自分で姿勢を感じたり、動かしたりすることには少しずつではありますが、「お？　できるかも」というふうに、対応が上手になってきました。しかし、その一方で、先生が一方的に姿勢を変えるときは、驚いてしまって大きく口を開けて、頭を目一杯引き込んで呼吸が止まってしまうほどに緊張が入ってしまいます。

　そのような毎日の取り組みに全力で立ち向かうＳくんは、当然のように午前中で、すでにお疲れモードです。給食を食べた後に車椅子から降りて休憩をしていると、いつの間にか目をつぶってお昼寝！

　そんなＳくんのお昼寝の写真を見たお母さんは、大変な驚きようでした。その理由は、お昼寝の姿勢が「側臥位だったから……」まさかこんな姿勢で寝られるなんて！　と驚いておられました。

　徐々に姿勢の変化を受け容れてくれるＳくんは、「これならできる」といった気持ちが、自然と増えていったのかもしれません。とにかく、たくさんの姿勢を経験して積み重ねることができた２年生でした。

8　Ｓくんのために頭を悩ます先生たち──３年生

　３年生になっても、姿勢の変化を感じる学習は継続です。加えて、姿勢の変化を受け容れるだけでなく、どのような姿勢が学習参加に適しているかにも頭を悩ませることになります。

　「車椅子に乗った姿勢でなくても、学習に参加していけるんじゃないか」という意見から始まり、「抱っこの姿勢であれば余分な力が入らないから、抱っこで学習に参加しよう」「側臥位の方が、腕が動かしやすいから、車椅子の代わりに長座布団を準備してあげよう」と、Ｓくんが学習に参加する姿勢は何が良いのかを検討することにより、Ｓくんにかかわる先生たちが頭をフル回転させてくれたのです。

　この話し合いは、Ｓくんの学習する姿勢のバリエーションを広げることにつながり、先生たちの共通確認の場となりました。

姿勢に広がりが出たことで、Sくんは、無理なく学習を積み重ねる中でしんどくない自分の身体に気づき、自分の気持ちをコントロールする余裕が出てきたように思います。
　このような学習を丁寧に、そしてSくんの気持ちを中心にして進めていくことで、車椅子に座ることや、車椅子の角度が起きた状態の姿勢であっても、しばらくの間は、自分の身体と目の前の状況把握に向き合うことができるようになってきました。

9　苦手な制作活動から

　いろいろな姿勢で学習をしてきたことで、自分の身体だけではなくて、目の前に提示された物への興味が出てきました。3年生の後半あたりから学習への意欲であったり、少し離れたところの物を見たり視線を移し替えたりする様子が出てきました。
　その代表的な学習が、「さわる・つくる」という学習です。いわゆるSくんの苦手な制作活動の授業です。授業内容は、黄色いスライムを触るといったシンプルな活動でした。Sくん物に触ろうとするときに腕を外へ開いてしまいますが、右手が黄色いスライムに触れたとき、正面に向いていた顔を右へ向けて手元を見ることができました。学校に入学する前は、手元を見るどころかその感触に泣いて怒っていたSくんです。触った黄色いスライムが今までは、何かわからないから泣いていましたが、偶然にも触ってしまったスライムに目がいくと「なんだ、こんなものか」とわかったのでしょう。Sくんの手と目がつながって「知らない世界」が「わかる世界」になりました。その後は、触ることがうれしくて、声を出して笑い、何度も何度も、意気揚々として右手を動かして触ろうとしています。自分の順番が終わっても、「アー」「ウー」と声を出したり、目の前の先生に大きな目でやりたい気持ちを猛アピールしたりしていました。手で触ることが嫌いな活動だったのが、「自分で手を動かして触りたい！」という気持ちになっていったのが3年生の3学期の最後の授業で見せた姿でした。

10　偶然からはじまった遊び

　4年生になる少し前に、偶然が引き起こしたうれしい大事件が起きます。偶然が遊びを作り出すとは言いますが、あまりにも突然の出来事でした。
　毎朝の身体の取り組みをしているときのことでした。この頃は腕を使ってあぐら座位の姿勢を保つ学習に取り組んでいました。身体が前に行くと右腕に体重がかかり重みを感じるようにしています。あるとき、支えにしていた右手をフッと曲げたことで身体が前方へ倒れそうになってしまいます。ですが、すぐに自分で右手を伸ばして倒れずに姿

勢を保つことができました。そのときに右手が支えになっていることに気づいたSくんは、4回ほど繰り返して遊んだでしょうか？ この偶然から始まった遊びから、自分の身体を意図的に動かすことに気づき、楽しくなって「フフッ」と笑っていました。

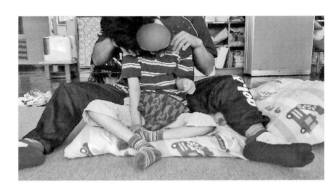

この一連の出来事に遭遇した私の気持ちは、はしゃぎたくて仕方がありませんでした。しかし、自分の身体と向き合っているSくんの「今」を大事にしなければという思いで、冷静を装いつつSくんの身体を支えていました。Sくんを支える私の手指には必要以上の力が入っていたと思います。Sくんを邪魔せずに待てたことが私のささやかな自慢です。

Sくん自身が自分の身体を支える右手からヒントをもらい、自分で身体を動かそうとする学習目標を設定しました。

11　友だちになったSくん

4年生になり、あぐら座位を中心として「揺れに対する身体の気づき」というテーマに取り組んでいくことにしました。

バランスボードにあぐら座位で乗って傾きに対応する学習では、先生が右や左へと傾けると、身体が倒れそうになりますが、右手に力を入れて、倒れないように工夫をして、右へ倒していた頭の位置を左へと変えて踏ん張ろうとするSくんでした。何とか自分でバランスを取りながら身体を反らせること以外で対応することができるようになってきました。

また、以前から取り組んでいた三角マットを胸の下に入れた腹臥位でも、床についた両肘を支えにして、Sくんの目の前を、左から右へとクラクションを鳴らして走るバスのおもちゃを追

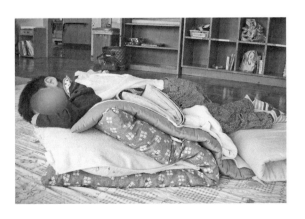

いかけて、左を向いていた頭を持ち上げて、右へと向きを変えることもできました。

　姿勢が傾くことを感じて、自分の手や身体の感覚に気づき、曲げたり伸ばしたりする中で自分の身体が少しずつ友だちになってきたように思います。

　このような学習から、手が物に当たると、手元に視線が向くようになってきました。身体に対しての不安感が少しずつ和らいで、気持ちの余裕が出てきたのでしょう。

　支える手が遊べる手に、遊べる手が探る手に変わって来たのが４年生のＳくんの大きな成長だと思います。ようやく友だちになれた自分の手を使い、身体以外の学習へと気持ちが向いていきました。

12　楽しみとなった制作活動

　ここでＳくんをわが子のように可愛がる、制作活動が大好きなＹ先生が中心となって、進めてきた学習「つくる・えがく」の様子を紹介します。

　Ｓくんは個別課題で紐を上手に引っ張る様子があったので「つくる・えがく」の授業でも取り入れてみることにしました。握りやすさや手応えの良さもあり、直径２ミリほどの紐（網戸を挟み込む少し弾力のある素材のものです）を両手に握らせてもらったＳくんは、紐の感触を感じて手元に視線を向けています。この頃には手と目がしっかりつながっているので、触っているものが何かを確認することができています。その様子を見たＹ先生は、「今、Ｓくんができる動きで何かを作っていこう！」という思いになったそうです。このような発想から、車椅子のテーブルの上に置かれたクッションを肘の支点にして、「引っ張る」という動作を使って制作活動につなげていきました。

　このとき、Ｓくんの手に「持っている」「引っ張っている」感触を残すことがポイントで、紐の先にくくりつけているスポンジスタンプの仕掛けが、それだったと思います。

　スポンジの中身は乾電池です。適度な重みがあるので、握った紐からは少し重さを感じることができます。持った感触、引っ張った感触が手応えとして両方の掌に残ったのではないでしょうか。

　まずは、紐を引き寄せるところからです。少し離れたところにあるスポン

ジを見つめながら、何とか引き寄せることができました。握り込んだ紐の手応えを感じて遊んでいるSくん。Y先生はSくんの手から紐が放れる瞬間を期待して、ただただ待つことに徹底しています。1分ほど経過したでしょうか？　Sくんの手から偶然紐が外れスポンジスタンプがポトンと落ちて画用紙に命中しました。今まで手の中にあった重みの感触がなくなったことで、離したことを実感するには十分な活動だったと思います。また、パッと離したことに対する賞賛の声が、Sくんの喜びを膨らませます。してやったり顔のSくんの笑顔はとても達成感に満ちあふれ、素敵な笑顔でした。

　自分の手から伝わる感触をきっかけにして、動きへと変えて操作していく取り組みは、自分の身体の存在に気づき、意図した通りに、コントロールすることができた重要な学習だったと思います。このように取り組んできた動きは、Sくんの手の操作性の向上につながりました。わかりやすいシンプルな活動をしていくことで、手に伝わる感触をたくさん経験して、友だちになった手と身体を思い通りに動かして、1つの作品が完成しました。それが、「僕のモナリザ」です。

　「自分でやりたい」「自分の身体を思うように動かしたい」という気持ちを引き出すことができた学習は、Sくんの工夫する気持ちを育てたのではないでしょうか。併せてSくん自身が、「わかる」教材だったと思います。

13　今思えば……

　3年生の終わり頃からは、少しずつではありますが、自分の身体に気づくことをきっかけにして、学習中の姿勢が整ってきました。入学前には苦手だった制作活動も、触る物へ向かなかった気持ちが、姿勢が整うことで自然と、心の構えが整い、不安な気持ちから、やってみたいという気持ちへと変化していったのだと思います。そこには、目と手がつながるといった大切なプロセスが含まれていると思います。

　目と手のつながりがSくんの中に「わかる」「できる」という気持ちの芽生えになったのでしょう。こうなれば、学校生活も楽しいものへと変わり、Sくんの笑顔の数も増えていきました。

(1)　考察1　「Sくんの感じる力」

　これまでのSくんの変化を少しまとめてみます。

　就学前までのところで、すでにあった緊張の強さ。この原因を考えてみました。その1つとして考えられるのは、環境の変化を受け止めるだけの情緒が、まだ育っていなかったことです。

周りで起きる出来事はＳくんにとってすべて強い刺激として入力されていたのだと思われます。強い刺激は不安感や恐怖感となり情緒面が不安定になるばかりでした。その不安定さが、身体と心に過緊張を生みだしていたのでしょう。
　情緒の不安定さと過敏さの関係については、私たちにも簡単に想像することができます。例えばもしも、全く知らない部屋へ連れて行かれ、周りの景色も見えない状況になったとすると、身体も心も何かが起きたときのために、すぐに反応できるように、構えると思います。この不測の事態に対して身構えることが、防衛反応であり、過緊張している状況をつくりだしています。これでは感じようとする心が育つ前に、過剰に反応してしまい、学習どころではなくなるのは想像できるでしょう。
　このような状況で通所施設に通い始めたＳくんが弓なりになるのも仕方がありません。小学校へ入学したときも、環境が大きく変化したことに対する順応力が備わっていなかったことで、身体に力が入り、今にも泣き出しそうな姿だったのです。
　この過剰反応をどうやって緩和していくのか。その手がかりとなったのがＳくんの取り組んできた姿勢の変化への気づきという学習でした。
　３年生の終わり頃までは、なかなか姿勢の変化に対する余裕がなかったＳくんだったので、弱い刺激を感じて、受け止めるだけの力が、未熟であったと思いますし、強い刺激でなければわかりにくかったことが考えられます。しかし、４年生になってあぐら座位の姿勢をバランスボード上で保とうとする学習（「前庭感覚」を使った学習）や、乾電池の重みを感じながらひもを腕の力でコントロールする学習（「固有感覚」を使った学習）に取り組んできました。Ｓくんと一緒に取り組んできたことが、たまたまわかりやすい取り組みであり、結果的に強い刺激だけでなく弱い刺激でもわかる受容力が備わったのだと思います。
　このように、前庭感覚や固有感覚への刺激を通して自分の身体を発見していくことが、受容力の成長でもあり、外界への興味や表現方法として、自分の身体をコントロールすることのできる力が身についてきた証拠です。
　自分の身体の難しさを乗り越えて、外界に働きかけることができるようになった頃には、自分の意図した動きが達成されることで、情緒面に余裕が生まれたのだと思います。
　このように、少しずつではありますが、外界から受け取るＳくんが気にしなければならない情報量を少しずつ整理してわかりやすい環境を整えることで、自分から感じようとする身体と心の構えが整ったと思います。
　この瞬間が、ようやく次のステップへと移っていくきっかけになったように感じています。

(2) 考察2 「Sくんの見る力について」

　もう1つ、考えていきたいことがありました。Sくんはなぜか、目をしばしばさせて力を入れる様子が多く見られました。例えば、校舎内から校舎外へ出るときには顕著です。それと、視界に入る人や物が動き出すと過剰に驚いてしまいます。この視覚に関しても考えていくべきことがあるのではないか？と思っていました。

　ゆっくりと動く人や物に関しては、過剰な反応はありません。Sくんが驚くのはあくまで動きの速いときです。これは合理的配慮の中で対応していくしかありませんでした。例えば、教室内での配置も庭が見える方へ背中を向けて並ぶことや、Sくんの視界の中では、できるだけゆっくりと動くなどのアナログな対応をとってきました。

　今思えば、見る力が未熟で眼球運動が対象物に追いつかないことや、見える範囲で見ようとする対象ではなく、景色として捉えているのではないかと考えます。「意図して見る」ではなく、「見えている」といった表現が近いかもしれません。このように、見てわかる力が必要だと感じたときに、タイミングよく手を使い、目がつながったことから、見てわかる力が育ってきたので、情緒面が育ち驚くことが減っていったのではないかと考えることができました。

　自分の身体に気づくことができたときに、見え方にも何かあるのではないかと思うほど、視覚活用に関しても過敏がありました。

　少なくとも、3年生の終わり頃までは、視覚を活用していくだけの余裕も力も育っていなかったのだと思います。この見え方にも、緊張を誘発する原因が含まれていたのだろうと思います。

　小学校へ入学し、毎日登校して学校生活を過ごす中で、身体の取り組みを通して学んでいった、自分の身体に気づくということが、心の余裕を生み出したと思います。そして、この余裕が、Sくんの情緒を安定させた要因の1つであると思います。

　揺れや身体に関する感覚や、見たり聞いたりする感覚が育っていった10年間という過程は、Sくんが自分の外の世界を知っていくことに、とても重要だったと思います。

14　まとめ

　4年生の終わりに、お母さんとお話をする機会がありました。そのときに、Sくんにとって大切なポイントが姿勢だったこと、Sくんのペースで少しずつ取り組むことが、嫌いな活動ではなく、好きな活動になっていったこと、同じ思いを保護者と共有して進むことができたことが、とても大事なことだったと、身をもって体感することができま

した。

　そして、何よりも家庭で過ごすSくんの手の動きが「変わってきています！」「大きく大の字のように開いていた両腕が、肘を曲げお腹の前で納めています」と、教えてもらったときには、悩みながら取り組んできたけれど、やってきてよかったと感動しました。

　このような思いをもつことができたのも、これまでに、Sくんを支えてきた多くの人、Sくんを溺愛するY先生をはじめ、奈良養護学校の先生たちがいたからこそです。私にとって相談のできる環境であったと思いますし、Sくんが安心して取り組む環境が作れたのだと思います。私1人では、ここまでのことができなかったという思いがします。そして何よりも、毎日Sくんをバス停へ送り届け、登校させてくれたご家族の思いがあったからこそ、そして毎日登校してきてくれるSくんだからこそ、ここまでの大きな成長を見せてくれたのだと思います。

15　Sくんへ

　Sくんは、これまで友だちになれない自分の身体と闘い、しんどい思いをたくさんしてきたのでしょう。少しずつ、できることが増えてきて、知らない世界がわかる世界へと変わり、笑顔の数が増えてきたと思います。今までの経験を支えにして、たくさんのことにチャレンジしてもらいたいと考えています。

　これから出会う先生や支援者にも、その長いまつげの大きな目をキラキラとさせて虎視眈々と〇〇を狙ってください。たくさんの人の中から、自分の気持ちを伝えられる人を選んでいってほしいなと思います。それができるほどの世界がSくんには、広がってきているのです。

　Sくんの笑顔がこの先もずっと輝き続け、周りの人をあたため、癒す存在であってほしいと願っています。

　そして、これまでの4年間、学校での取り組みに、とても協力的にフォローしていただいた、Sくんのご家族のみなさんへ、この場を借りて感謝の気持ちを記したいと思います。

　Sくんのお父さん、お母さん、お姉ちゃん「本当に4年間、ありがとうございました」。

> **事例3　すごい！　自分で食べられたね**
> **Ⅲ水準　知覚運動水準の例**
> 　　　　　　　　［多方面からのアプローチを組み合わせた指導］
> 　　　　　　　　　　　　　　　奈良県立奈良養護学校　**磯野　愛乃**

1　はじめに

　Aくんは、小学部6年生の男の子です。6年生になる4月に他の肢体不自由特別支援学校から転向してきました。知的障害、軽度の運動障害、舌・下顎形成不全、てんかん発作があります。多動傾向があることと危険回避行動がうまくできないことから、前の学校では安全を考慮して足、腰、胸をベルトで固定する椅子を使用していました。その椅子持参での転校でした。舌と下顎の形成不全があるため、うまく食べることができず、経管栄養でスタートしたそうです。4歳頃より哺乳瓶を使った経口摂取へ移行し、給食では特性椅子に座ってシリンジによる流動食を口へ注入する形の食事でした。

　手先の細かな動きは結構できますが、両手の協応動作などは苦手です。音楽やかかわり遊び、揺れ遊び、操作系玩具が好きで根気よく取り組めることもあります。

　本校で実施している感覚と運動の高次化理論を参考としたアセスメントチェックリストによると発達水準的には4水準が課題となっていました。チェックして気づいたことですが、日常の行動が落ち着かず、混乱することも多かったため、情緒の育ちに遅れがあるのではと感じていましたが、チェックしてみると情緒の項目が一番高かったです。考え直してみると、通常は教員や友だちとのやりとりを楽しむことができ、積極的に行動できることも多いので納得のいく結果でした。難しい場面だけが強く印象として残っていたために、考えが及んでいなかったことを反省しました。

2　指導開始時の様子

　学級や学習場面では、不安定な歩行力にもかかわらず、ウロウロしてしまうため安全確保のためにも安全に座れる椅子が必要でした。前の学校から持参した特性椅子を使ってみましたが、強引に降りようとする様子も見られたため、安全確保のためのベルトが

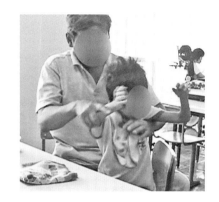

3本必要でした。
　椅子に座ることで落ち着くことができればいいのですが、逆に何とか逃れようと必死になってしまうことが多く、そのため活動や学習に集中できないような状況になりました。
　食事場面も同様で食事を嫌がるため椅子で身体を固定し、手を押さえてシリンジで口の中にさっと注入するといった対応が必要でした。それでもその状況から何とか逃れようとするために、椅子ごと倒れそうになることもありました。
　口周辺に感覚的過敏も見られましたが、それ以上に本人の中に危機感や緊張感が感じられました。ただ、不思議な事に一旦口の中に入ってしまうと誤嚥やむせを引き起こすことはほとんどなく、スッと飲み込むことができました。

3　楽しく食べることを目指した指導計画

　Aくんにとって一番の負担となっている食事が、無理なく楽しくできれば、どんなにか生活が変わってくるだろうとの思いから、「楽しく食事ができるようになろう」を重点目標とした指導計画を作成することになりました。担任や関係する先生が集まり、大きなホワイトボードに、これまで見られている課題や課題解決に向けた手がかり、対応方法などを検討しながら書き込んでいきました。
　①まず、食事場面でどのような姿を目指すのかを整理し、次のようなステップにまとめました。
　　・椅子などで拘束しなくてもいいようになる
　　・自分から口を開けられるようになる
　　・口をシリンジに近づけてこられるようになる

- 自分でシリンジを押して口に入れられるようになる
  - 食事の時間を楽しめるようになる
  - 食事を楽しめるようになる
② そのためにはどのような力が必要になってくるかを整理すると次のようになりました。
  - 状況や対象に向き合える力
  - 状況や対象を理解できる力
  - 状況や対象に応じて考え、対応する力
  - 状況や対象を楽しむ力
  - 気持ちを切り替える力
  - 気持ちに余裕がもてること
  - 少し我慢ができること
③ 取り組みを進めるに当たって手がかりとなりそうなことをまとめると次のようになりました。
  - 小さな舌で味の違いを感じているのか、味の違いにより受け入れが違う
  - 給食室に人が少なくなってくると落ち着いてくる
  - 抱っこなど、身体を預けさせるように対応すると落ち着いてくる
  - 理解が進むと行動が変わってくる（慣れると落ち着いていられる）
  - 哺乳瓶であれば飲むことができる
  - 物を介しての要求行動がある（リモコンを渡しテレビを要求するなど）
  - 口からのこぼれは、トロミがあると出にくい
  - 口にいったん入ってしまうと飲み込むまでの処理はうまそうである
  - 喉元を意識させると力が抜け飲み込みやすくなる
④ こうした内容を総合的に考え、配慮点を次のようにまとめました。
  - 食事場面だけでの対応では難しい
  - いろいろな要素が絡み合っているため、バランスのとれた指導が必要
  - 強制的に成り過ぎず、受け身的に成り過ぎない対応が必要
  - 指導場面ごとにねらいと対応方法を明確にしておく

そしてどの活動においても、子どもにも教員にも気持ちの余裕が必要であり、そのためには楽しいと感じられることを基盤として進めることとしました。給食での取り組みを中核とした全体の実施構造をまとめると次のようになります。

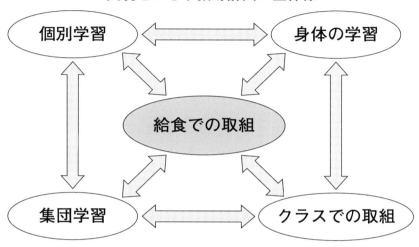

4　指導経過のまとめ

　ここに記載する指導期間は、4月中旬から7月中旬の約13週です。指導場面ごとに取り組みの様子をまとめます。

(1) 個別指導（週2回、16回実施、5回欠席）
　個別指導の中では、次のような点を目標や配慮点としながら取り組みを進めました。
・作業を通して課題や対象に向き合う練習を行なう。
・課題学習を通して学ぶ力、考える力を育てる。
・課題の面白さ、楽しさ、できた感、終了などを理解する。
・食べ物や食べることを題材として取り入れていく。
・パソコンで画像を見るというお気に入りの活動を活用する。
　実際に行なった学習は次のようなものです。
①ビー玉入れ
　ねらい

・課題と向き合う力を育てる
　・あきらめずに続ける
　・できた感をもつ（終点理解）
　活動の様子
　・ビー玉とケースを渡しただけで入れようとした。
　・なかなか入らなくても押し続けることができた。
　・入った感を楽しむ様子があまり見られなかった。
　・終点よりも次の始点に気持ちがいきやすかった。
　・続けても５個程度で長くは続かなかった。
　結果
　　課題と向き合い頑張る様子は見られたが、長くは続かず飽きてしまうとやろうとしなくなった。
②串さし
　ねらい
　・課題と向き合う力を育てる
　・集中しあきらめずに続ける
　・作業継続と全体の終了理解

　活動の様子
　・串とボードを渡しただけで課題を理解し取り組むことができた。
　・あきらめずに余分な動きを止め集中して取り組めた。
　・初回は５本頑張れたが、最後まではできなかった。
　・教員が失敗の修正を勝手にしたため、やめてしまった。
　・ボードを小さくし数を少なくしても、終了への意識はうすかった。
　結果
　　課題と向き合い頑張る様子が見られたが、教員の対応がまずかったため、失敗感だけが残ってやらなくなった。
③紙コップ分類
　ねらい
　・課題理解と向き合う力を育てる
　・色が同じを理解し、対応した操作ができる
　・確認しながら慎重に継続できる
　活動の様子

- かぶせる操作はスムーズにできる。
- 同じ色を重ねることの理解のため誘導しながら進めた。
- 確認不足か遊びか、入れ間違うことがある。
- 間違いを修正されると怒ってやめてしまう。
- コップを握りつぶしたり引き抜くことがある。

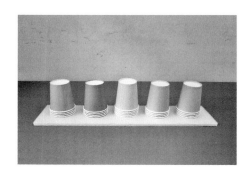

結果

　　分類を楽しむまでには至っていない。修正されると嫌になる様子が顕著だった。

④具体物理解

ねらい
- 身近な物の名称・用途の理解
- 具体物を使った指示理解
- イラストとの対応

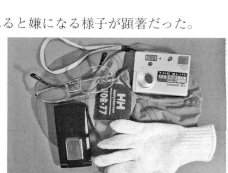

活動の様子
- 帽子、めがね、携帯電話はそのものの使い方ができる。
- 名称を言っての選択は、あまり聞いていない。
- 具体物を使ってのやりとりは楽しめそうである。
- 手袋には全く関心がなく嫌がる。
- イラストとの対応は、その気がなく、さらに工夫が必要である。

結果

　　関心のある物とない物の差がはっきりしている。関心があれば、そのものを使って遊ぶことができる。

⑤カラーボール入れ

ねらい
- 課題理解と向き合う力を育てる
- 作業の終了、完成の理解
- 色の弁別

活動の様子
- 抜けている所に入れるのはすぐにできた。
- 何も入っていないと、ボールを投げて遊ぶ。

・色をそろえる意識はあまり強くない。
・ボールを取ってきて入れるほどの意欲はない。
・ボールではなく、ボーリングのピンで試してみたい。

結果

　終了・完成の感覚があまりない。残り3つくらいを繰り返し入れて、完成させることを丁寧に伝える必要がある。

⑥食べよう

ねらい
・食べ物を口に入れることを学ぶ
・食べるイメージをもつ
・食べるまねなどで遊べる

活動の様子
・イラストの口の穴に食べ物を入れることはすぐに理解できた。
・食器などを使うことで食事場面を意識することができた。
・楽しく食事をする雰囲気を楽しむことができた。
・コップで飲むまねをする様子が見られた。
・Aくんにすれば、比較的長く遊ぶことができた。

結果

　場面を具体的にイメージさせていくことで、ごっこ遊びとしての楽しみ方ができる。さらに工夫できそうである。

⑦行って取って帰る

ねらい
・一連の指示を理解し、遂行する
・目的をもって行動する
・繰り返し活動することができる

活動の様子
・帽子をかぶって帰ってくることができた。
・めがねを取って帰ってくることはなかった。
・帰るための必然性や課題がないと続かない。
・ボールを枠に入れるだけでは、意欲がなかった。
・行った先で他の遊びが始まってしまう。

結果

　　Aくんが意欲的に取り組める活動や題材を活用しないと、気持ちを継続させて帰ってくるのは難しい。

⑧食べている写真をパソコンで見よう

ねらい

・食事への興味や理解を広げる
・自分で操作して繰り返し見る

活動の様子

・キーを押すと写真が切り替わることをすぐに理解できた。
・出てくるときの音がなくても、画像に集中できる。

・スイッチ操作が好きで、いろいろなスイッチを触る。
・乗り物や動物よりも人の写真をよく見る。
・画像をしっかり見ながらスイッチ操作を繰り返すことができる。

結果

　　視線から顔や口元をよく見ていることがわかる。食べ物を使ったごっこ遊びと連携させていきたい。

(2) 集団学習（週4回、61回実施、22回欠席）

集団学習の中では、次のような点を目標や配慮点としながら取り組みを進めました。

・特性の椅子やベルトは使わず、通常の学童椅子を利用し、いつでも立ち歩きができるようにした。
・活動に無理に参加させるのでなく、よく見せて本人の思いを優先させた対応を行なった。
・友だちとのつながりや一緒の活動をできるだけ取り入れるようにした。
・うまくできたときには、みんなで褒めるようにした。

こうした集団学習は毎日設定されていて、活動もさまざまですが、上記のことを配慮しながら同じような対応を行なっていきました。その結果、次のような様子が見られるようになりました。

・最初の数回は立ち歩くことも多かったが、普通の学童椅子に座っただけでも勝手に立ち歩くような様子は見られなくなった。
・友だちがする様子をしっかり見たり、見て学んだことを自分でもやってみるという

様子が見られた。
・活動の中で順番を理解し、自分の番を待ったり、友だちを促すような仕草が見られたこともあった。
・集団の雰囲気を感じ、みんなでする活動をＡくんなりに楽しめるようになった。
・集団の中では上手に休憩しながら、最後まで感動に参加できるようになった。
・友だちに手を叩いてみたり、「自分を見て」とアピールするような様子も見られた。
・友だちや先生から褒めてもらえることを喜ぶ様子がしっかり見られた。
・終業式のようなわかりにくい場面でも、拘束なしに最後まで着席して参加することができた。

(3) クラスでの活動（週5日、64日実施）

　朝の会や学級会などが中心です。ここでは登下校の支度や靴の履き替え、服の着替えなどに取り組みました。クラスでも最初は特性椅子を使い、動きを止める対応をしましたが、逆に興奮してしまう面があり、安全に留意しながらできるだけ制限をせず、自由に活動できるようにしました。結果的に立ち歩くこともなくなり、課題にきちんと向き合いながら取り組む姿が見られるようになりました。

　決して器用ではありませんが、指先や手を使った活動ができるので、できることは自分でさせていくことに徹していきました。不機嫌になることもありましたが、指示や課題の理解が進む中でスムーズに作業できるようになっていきました。友だちや先生との挨拶、日課的活動、水分補給や排泄、教室移動も少しの指示でできるようになりました。

(4) 身体の時間（基本的には週5回）

　本校は、肢体不自由児の特別支援学校ということもあり、毎日身体の課題に取り組む時間が設定されています。その時間を「身体の時間」と呼び、身体のケアや動作、運動の練習を行なっています。Ａくんに対しては、臨床動作法の技法を取り入れながら身体へのアプローチを行なっていきました。そこで取り組んだ内容は次のようなものです。

・自分の身体についてリラクセーションや動きを通して理解を深めていった。自分の身体を知ることで他者への意識や思いを育てていくことにつながるではないかと考えた。
・身体各部位のゆっくりとした動きの練習を通して、動きを調整していくこと気持ちを調整していくことの練習を行なった。
・自分の身体に対する共同注意から相手と動きを合わせていくことで相手に対する思いや受け入れを促していった。

・身体のふれあいからかかわりの楽しみへ展開し、安心感や信頼関係が育まれるようにした。

　結果的には、活動を理解するまではバタバタ感がありましたが、終盤はお互いに思いを交わしながら、身体を使った学習に取り組むことができました。

(5) 給食の時間の中で

　食事場面の様子を見ていると、不安感からか警戒心が強いように思いました。不安感に対して、教員が何とかごまかしながら対応していました。

　基本的に食事場面をもっと安心できる場にしていかないと根本的な解決には至らないと考えました。そこで、次のような点に配慮・留意しながら進めていくことにしました。
　・何を食べるのかをきちんと伝える。
　・準備の様子を見せ、お互いに確認しながら進める。
　・「次は牛乳（比較的好む飲み物）にするから」と説得を試みる。
　・手で払いのけようとするとき、必要最小限の拘束（口に入れたらすぐ解放）。
　・他の学習場面と同じようなトーンで対応する。
　・頑張れたときは、きちんと褒める。
　・食事量を増やそうと思い過ぎない。

　結果、次のような変化が見られました。
　・食事中立ち歩き、ウロウロすることがなくなった。
　・何の抵抗もなく口を開けて受け入れられることが増えた。
　・身体を振って遊ぶ（常同行動的な動き）ことが少なくなった。
　・無理に口に入れられた後の怒りが少なくなった。
　・自分でコップを持ち飲むことができた。
　・いろいろ気持ちの変化があるものの、給食の時間をそれなりに楽しんでいる様子が見られた。

5　考　察

　この取り組みを実施した期間は、4月中旬から7月中旬までの3ヵ月間ですが、この短い間で多くの変化が見られました。転校生ということもあり、十分な情報がない中で進めることになりましたが、逆にこれまでの取り組みの影響を受けず、自分たちの感覚で進めることができました。

　特に特性椅子の使い方について、実際に使ってみると、その椅子の拘束から逃れよう

とするために余計に集中力を欠いたり、興奮したりする様子が見られました。そこであえて椅子を使う練習をするよりも、椅子を使わずに本人の思いを育てていく方法を試していくことにしました。椅子を使わないことで集団での学習の際には、しばらくウロウロすることがありましたが、特にかまわないでいると自分から椅子に帰ってきて座るようになりました。いったん座れるようになると活動への理解や興味も広がり、積極的に活動に参加できるようになりました。特性椅子から開放されることで、気持ちに余裕もでき、その余裕が興味の広がりや心理的安定にもつながっていったのではないかと考えました。

　細かく見ていると、気持ちの余裕が学習につながったり、楽しみにつながったりしている様子が出てきました。繰り返す中で順番があることを理解して自分の番を待てるようになったり、おもちゃを友だちに譲ったりすることもできるようになりました。この頃になると身体を振って1人で遊ぶことも少なくなってきて、活動を理解して楽しんでいる様子がよく見られるようになりました。

　個別や集団の時間と同じようなかかわり方で給食の時間もかかわることで、食事のときもウロウロすることがなくなり、給食の場が嫌ではないという雰囲気が生まれてきました。集団の場面でもちょっとした我慢がごく自然にできるようになってきましたが、同じように食事の場面でもごく当たり前のように受け入れることができるようになりました。食事場面が特別な場面ではなくなってきたことが、心の余裕にもつながっていっているのではと感じました。

　食事に直接つながる点で、食器を使ったままごと遊びが効果的でした。おもちゃの食べ物を自分で人形に食べさせたり、先生に食べさせたり、先生に食べさせてもらったりして遊びました。この遊びの延長線上に、給食のとき自分でコップを持って牛乳を飲むという行為につながっていったのではないかと思います。食事遊びだけでもつながっていったのではという意見もありましたが、基本には、いろいろな場面での気持ちの安定と理解力、楽しむ力の育ちが根底にあって積み上がってきたものと考えています。

6　今後の課題

　集団や個別の学習の中でAくんの行動特性や性格について特徴的なことがいろいろわかってきました。自分が肯定されていれば容易に受け入れることができ、積極的に学習にも参加することができましたが、自分に対して修正や否定が入ると考えるのをやめてしまったり、気持ちを別の所へ移していってしまうような傾向が顕著にありました。

　例えば、同じ色の紙コップを重ねていく学習で、別の色の所に重ねたことがありまし

た。教員が修正を促すとその時点で紙コップ重ねの学習をやめてしまいました。このような様子の中から、自分の思いと違う形での介入に対して頑固に否定してしまう側面がわかってきました。

　牛乳をコップで自分で飲んだときにも、2回飲んだ後の3回目はコップから牛乳をこぼして遊ぶ遊びに変わってしまいました。そのときに担当教員は、その行為を修正したり否定してたりするとコップを使った取り組みそのものができなくなることが予測できたので、修正や否定をせずにそれを打ち切る対応を行なっています。結果的にコップの活動を続けることができているのは、Aくんの行動特性や性格を理解した上での対応ができたからであると考えています。

　食べることを拒み続けてきたAくんにとって、遊びながらではありますが、自分から食べることに向き合っていこうとする思いを大切にしながら、ゆっくりとしたペースで進めていきたいと考えています。給食の時間も他の学習の時間と同じように対応し、Aくんにとって特別なものにならないようにすること、楽しみながら食事をするのは、まず食べることが先行するのではなく、まず楽しむことを先行させることを今後の進め方の基盤として取り組んでいきたいです。

第4章

奈良養護学校での取り組み

1　教材室の整備

(1)　教材室の整備に至るまで

　奈良養護学校に自立活動担当が設置されたのが、平成22年度になります。奈良養護学校における自立活動の充実という大きなテーマの下、活動がスタートしました。元々自立活動の担当は、個別の指導計画の推進と充実のために教務部の中の役割として位置づけられていましたが、さらに具体的な指導の充実に取り組むため、特に身体への取り組みの充実を考え、医療機関との連携が取りやすい健康保険部に設置されました。

　1年目は、自立活動の充実に向けた今後の活動内容についての検討が大きな課題でした。自立活動の充実につなげるためには、個人の指導スキルの向上という視点が必要となり、実際に多くの研修会が開かれたり、専門的技法が数多く開発されたりしています。この視点から充実を目指した取り組みについても考えましたが、学校全体という視点で考えたとき、もっとわかりやすくて実質的な内容の方が効果的に機能するのではないかと考え、次の5点について、2年計画で検討を進めることとしました。

①身体への取り組み
　　（肢体不自由児の学校ですので、適切な身体への取り組みは不可欠）
②環境の改善
　　（子どもにとって快適でわかりやすく、ワクワクする学校づくり）
③教材・教具の整理と開発
　　（学習の要となる教材の開発とわかりやすく使いやすい教材室）
④医療的ケアとの連携
　　（医療的ケアと連携した安心で安全な授業づくり）
⑤卒業後や家庭のとのつながり
　　（学習が卒業後や家庭生活に、どのようにつながっていくのか）

　この5つの課題検討を翌年度から進めていくこととなったが、初年度からできそうな課題として、環境の改善と教材室づくりに取り組み始めました。

(2)　学校の片付け

　当時、学校には倉庫のような教材室が2室、散らかったままの特別教室が1室、いらないものを何もかも放り込んだような外部倉庫が1棟ありました。長い年月をかけてそのような状況になったもので、何がどこにあってどうなっているのかの全貌を知る先生はいませんでした。ただ、何とかしないとという思いは、ほとんどの先生がもたれてい

教材室の片付け

たので、とりあえず、そうした部屋の片付けからスタートすることとしました。

　この片付けのために、夏季休業中の作業として10日あまりを要しました。教材室の物をすべていったん外に出し、仕分けをして新しく設置した棚の中に整理していきました。その整理の際に発達の流れに沿って整理できればわかりやすいのではないかとの思いから、感覚と運動の高次化理論の考えを取り入れていくことになりました。

特別教室（木工室）の片付け

　片付け作業は、かなりの重労働でみんなの協力がなければできないものでした。ただ、確実にきれいになりますので、充実感はありました。それとともに、これからどうなっていくのだろうかという期待感も生まれてきたように思います。片付け作業はその後も続き、学校全体の環境が整備されていくことになります。

外部倉庫の片付け作業

(3) 教材室の整理

教材室の配置図です。大型の教材は入って右側の棚に配置し、発達水準別に整理できる教材は中央の「発達水準別教材棚」に、分けにくい教材は「これまでの教材棚」に配置しました。元々あった据え付けの棚には、教材の材料やプリント教材、行事用具などを置きました。

偶然その年に、全国肢体不自由研究協議会が11月に奈良で開催され、公開授業が奈良で行なわれることとなり、多くの先生方

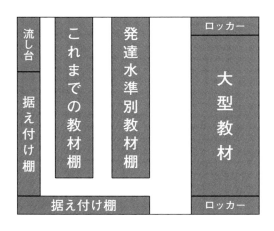

Ⅰ水準 感覚入力水準		Ⅱ水準 感覚運動水準		Ⅲ水準 知覚運動水準		Ⅳ水準 パターン知覚水準	
前庭感覚	固有覚	因果関係触	始点終点運	基礎視知覚	基礎聴知覚	パターン弁	目と手協応
触覚	触運動覚	因果関係聴	始点終点聴	因果関係理	始点終点理	道具の使用	聴覚運動協
聴覚	聴知覚	因果関係視	始点終点視	物の永続性	目と手協応	視覚運動協	位置感覚
触れる	ひっかく	基礎視知覚	基礎聴知覚	見分ける課	空間知覚	空間知覚	代表性分類
たたく	はじく	聴覚ー発声	視覚ー運動	片側優位性	両手の協応	合成と分解	図-地弁別
楽器	バイブ	目と手協応	運動企画	運動企画	身体図式	絵の理解	意思伝達

Ⅴ水準 対応知覚水準		Ⅵ水準 象徴化水準		Ⅶ Ⅷ水準 概念化1,2水準	
対応弁別	目と手協応	見立て遊び	見立て遊び	見立て遊び	役割遊び
道具の使用	聴覚運動協	細部知覚	全体知覚	書写・文字	書写・文字
視覚運動協	位置感覚	細部知覚	全体知覚	文字の読取	読解力
空間知覚	代表性分類	記憶の再認	記憶の再生	数・量概念	数の分解合成
合成と分解	図-地弁別	巧緻動作	ことばの練習	概念操作2種	概念操作3〜
絵・話の理解	意思伝達	絵・話の理解	会話の練習	抽象的言葉	抽象的概念

棚に教材を配置するための参考図

が参観に見えられました。ちょうど教材室の整理もできた頃と重なったため、たくさんの先生方に教材室をご覧いただくことができ、大きな励みとなりました。

その後、翌年から始まった「自立活動充実に向けた取り組み」の中で、教材室はさらに使いやすく、充実していくことになります。たくさんの教材を発達水準や課題別に整理していくことで、指導の充実や指導のつながりに発展していくことを願って取り組みを続けています。

ただ、課題として難しく感じているのが教材の管理方法です。使いたい教材が、使いたいときには他の人が使っていて使えないということも多々あります。借りっぱなしになることもあります。使いやすい状態を維持しながらいかに管理していくことができるかが大きな課題になっています。

2　感覚と運動の高次化理論の導入

(1)　導入に至る流れ

　感覚と運動の高次化理論を導入する際、ポイントとなった点として次の２点をあげることができます。
　①教材室の教材を発達の流れで整理していく際のわかりやすさ。
　②アセスメント・チェックリスト（特に認知面）としての使いやすさ。
　どちらも学校の課題として意識できていたことで、その必要性に基づいて作業を伴いながら具体的に進めていくことができました。さらに、この２点を組み合わせると、アセスメントにより対象児の発達水準や個人内差が明らかになったとき、その水準に該当する教材を教材室の棚の中から簡単に見つけることができることになります。このことは、次のステップである「確かな学びを育む授業づくり」に反映されていくことになり、さらに先の「授業づくり支援システム」の中にも組み込まれていくこととなりました。
　また、全国肢体不自由研究協議会での公開授業の際、教材室を参観し、後日学校見学の形で訪問された学校が２校あり、そのどちらの学校でも感覚と運動の高次化理論を導入され、互いに情報交換をしたり、協力し合える体制を取ることができ、さらにそれらの学校を基点に、少しずつ全国的に広がっていくようになりました。
　平成24年度は、パナソニック教育財団の一般助成を受けることができ、年度末に行なった公開研究発表会には、北海道から沖縄まで200名を越える参加者が集まりました。そのときの指定研究は、「教材のデータベース構築」をテーマとするものでした。データベース化の際の教材分類の観点としても感覚と運動の高次化理論を取り入れ、わかりやすく使いやすいデータベースを構築することができました。そのときの教材データベースは奈良養護学校のホームページで公開されており、どなたでも活用することができます。
　パナソニック教育財団からの助成金をいただくことにより、淑徳大学発達臨床研究センターより講師をお招きしての研修会を学校で開催することができました。それ以降、毎年感覚と運動の高次化理論の研修会を実施しています。
　平成25年度、26年度は、パナソニック教育財団の特別指定を受け、教材共有ネットワ

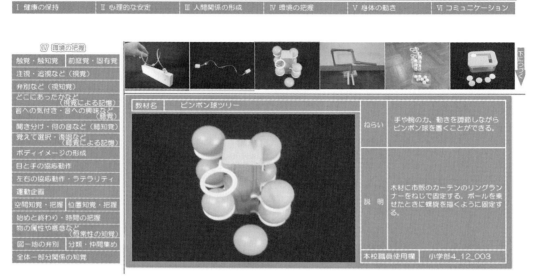

奈良養護学校ホームページの教材データベースより

ークを構築しました。このサイトについては、第6章に詳しい説明がありますので、そちらを参照いただくとして、校内では「確かな学びを奈良養護学校ホームページの教材データベースより育む授業づくり」をテーマとして、自立活動の充実に向けたこれまでの成果をいかに授業の中に生かしていくのかの検討に入りました。

アセスメント・チェックリストと子どもの中心課題を明確に表記する個票の作製、その中から指導内容を設定し学習活動を行ない、さらにそれを評価・修正するという流れを作り出し、PDCAサイクルの中に組み込んでいきました。その際にも感覚と運動の高次化理論は、共通の発達観として機能していきました。

(2) 感覚と運動の高次化理論の魅力

教材を整理したり、アセスメント・チェックリストとして利用しやすい点はこれまでに記載しましたが、それらも含め、実際に活用する中で数多くの魅力や使いやすさがあることに気づきました。それをいくつか紹介します。

①発達の流れや構造がわかりやすい

　「感覚で感じ、情報を処理し、運動で表す」ということを基本に、それがどのように高次化していくのかを、その枠組を基に解説・展開してくれているので、考えやすいです（詳しくは第1章参照）。

②教材を活用しての指導につなげやすい
　　この理論は、障害児の発達臨床の現場での具体的教材を活用した指導ををまとめたもので、学びながら自分の担当している子どもをイメージできるため、指導を当てはめて考えやすいです。
③教材ライブラリーの整備に役立つ
　　奈良養護学校で実際に行なったように、教材を整理する際、発達の流れでまとめたり、課題ごとに整理したりする際、非常に使いやすいです。関連書の中にも具体的教材が数多く示されているので、その教材を通してその水準を理解することにもつながっています。
④教材を通して指導がつながりやすい
　　その教材を使う目的が明確になることと、具体的に使うツールがそこにあることで、人が変わっても指導がつながりやすくなります。また、教材ライブラリーとして整理することで、個人持ちの教材を使う必要がなくなり、人が変わることで教材が変わるということもなくなり指導がつながりやすくなります。
⑤特殊な技術や技法にあまり依存しない
　　特別支援に関係する技法としてさまざまなものが開発され、実際に現場で活用されているものも多いです。ただ多くの場合、その理論の理解と技術の習得のために多くの時間や費用を費やさないければなりません。教材を使った学習の場合は、その教材がその子の課題に合っていれば、比較的容易に学習を進めることができます。
⑥認知発達と情緒や自己像（対人関係）、運動や姿勢の発達が関連づけられていて、総合的な発達の理解とつながる
　　この点も「感覚と運動の高次化理論」の大きな魅力であります。教育の目標である心身の調和的発達のためには、情緒や自己像、姿勢や動きの発達が不可欠になります。「感覚と運動の高次化理論」では、これらの絡みにも焦点を当て総合的な発達を目指しています。
⑦縦への発達、横への発達がわかりやすい
　　どうしても縦への発達を考えがちですが、実際には横への広がりの充実が縦への発達を促す力となります。横方向への教材が多数紹介されていますので、それらを活用したさまざまな工夫を凝らした指導がしやすくなっています。
⑧課題設定や評価がやりやすい
　　目標や課題が明確になるため、「できた」「できない」「どの程度できる」や「どうすればできる」といった評価や課題の修正ができます。

3　確かな学びを育む授業づくり

　奈良養護学校では、自立活動の充実に向けた取り組みや確かな学びを育む授業づくりについて研究を進めてきました。その中でいろいろ整理し、まとめてきましたが、全体像が見えにくい状態でした。そこでそれらをPDCAという授業づくりの枠組みの中で整理したものが下の図です。

　まず、計画段階で重要なことは、個々の課題を明確にし具体的指導方法を考えていくことです。個別の指導計画の作成や具体的授業づくりの際にアセスメントチェックリストを作成し、個人の発達水準や個人内差を調べることもできるようになりました。そのデータも踏まえて個別課題を考えていく際の個票を作り、課題を整理します。その上で課題に応じた教材を教材データベースより選択し、授業をスタートさせることになります。もちろん実際に使ってみると修正や工夫が必要になってきますので、そこからは子どもに合わせて評価や改善をしながら進めていくことになります。

　個票はできるだけシンプルにまとめることにしていますが、まとめるのが難しくベテランの教員も頭をひねることがあります。アセスメント・チェックリストで導き出した

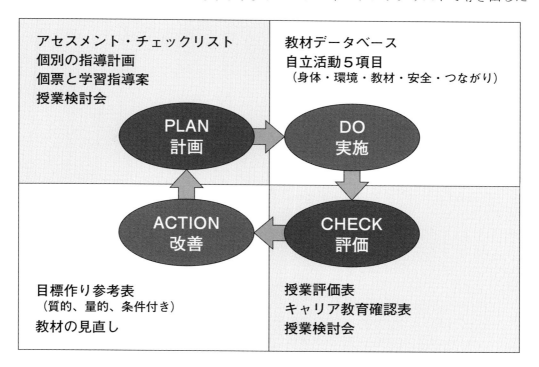

発達水準に応じて教材データベースの中から教材を選んでいくことになります。
　授業づくりの際に心にとどめておくこととして、授業確認のため５項目があります。これらの項目を確認しながら授業づくりを進めます。
　授業の評価についてですが、設定した目標からの評価も必要ですが、それだけでなく幅広い視点で授業を見直すことも大切になってきます。授業評価表については、和歌山県立紀伊コスモス支援学校のものを参考にしています。他にもキャリア教育の視点からの授業評価も取り入れています。
　授業評価に基づいてどのように改善していくかの手立てとして、より具体的な修正となるように「質的評価」「量的評価」「条件による評価」の表を参考にしています。この３つの観点から課題を見直していくことで、よりわかりやすく具体的な目標設定につながると考えています。まだ、十分に活用されているわけではありませんが、使いやすい方法ではないかと考えています。

参考資料
奈良養護学校の自立活動の視点による評価表

身体に関すること（姿勢、変形、弛緩と緊張、脱臼、拘縮、機能など）
環境に関すること（快適性、わかりやすさ、利便性、多様性、活用性など）
教材に関すること（課題、成長と発達、興味・関心、目的、使い方など）
安全に関すること（必要な医療的ケア、危険への対応と回避、安全確保）
つながりに関すること（学年や学部、卒業後、家庭、施設、事業所など）

紀伊コスモス支援学校でのチェック項目（抜粋）

子どもとのやりとり状況（信頼関係、コミュニケーションツールなど）
環境のわかりやすさ、整理整頓、刺激の精選、指示・表示の工夫など
チーフとサブの役割分担、位置取りや活動の導線、子どもにとっての理解
特殊・特別から汎化への流れが見える
できる課題から頑張らないとできない課題への流れが見える
生活年齢にふさわしい学習内容であり、声かけや対応がある
子どもの注意が向いたことを確認してから伝えている
指示は１度に１つとし、わかりやすく伝えるための工夫ができている
スケジュールや手順を示したり、確認や振り返りの活動がある
姿勢への配慮をしている（操作、見えやすさ、聞こえやすさなど）
見えやすさに配慮している（色、形、大きさ、背景）
見え方の違いに応じて教材の提示位置や提示方法を決めている
操作を補助するための機器や道具などの工夫がなされている

評価しやすい目標づくりのために
質的評価項目と目標の記入例

認知度
　いろいろな絵の中から、動物だけを迷わずに集めることができる。
楽しみ度
　活動に笑顔で取組、その活動を期待して待てるようになる。
習熟度
　説明がなくても課題に取り組めるようになる。
活用度
　必要な場面で自ら補助具を使えるようになる。
操作度
　○、△のなぞり書きができるようになる。
適応度
　泣いたり嫌がったりせずに、最後まで参加できるようになる。
定着度
　繰り返し行なっても確実に完成させることができるようになる。
応用度
　いろいろな曲線や形のなぞり書きができるようになる。
満足度
　できたことに気づき、できたことを喜べるようになる。
反応度
　提示された課題に対し、素早く対応できるようになる。
自信度
　できるようになったことに再度チャレンジできるようになる。
意欲度
　苦手なことに対して繰り返し取り組むことができるようになる。

量的評価項目と目標の記入例

頻度
　5回に1回程度は、正しい選択ができるようになる。

時間
　5分程度、1人で座れるようになる。

間隔
　1分程度時間を空けても、2つの物を覚えて持ってくることができる。

距離
　3m程度の独歩ができるようになる。

回数
　指を吸う常同行動を、授業中3回程度に減らすことができるようになる。

個数
　正しい物を5個の中から1つ選択できるようになる。

高さ
　15cmの高さの台に補助なしで上ることができるようになる。

広さ
　90cm×180cmの板の上で車いすの方向変換ができるようになる。

大きさ
　5mm角のチップを指先でつまむことができるようになる。

重さ
　5kgの鉄アレイを片手で持ち上げることができるようになる。

条件の評価項目と目標の記入例

時間帯
　登校後すぐであれば、眠らずに課題に取り組むことができる。

場所
　給食室でなくても食事ができるようになる。

介助度
　肘を少しサポートすれば筆を使って描画活動に取り組むことができる。

人的要素
　担任の先生であれば、緊張せずにスムーズな応答ができるようになる。

好み・興味
　興味のある楽器であれば、差し出しただけで音を鳴らせるようになる。

使用する道具
　グリップ付きのスプーンであれば、こぼさずにつかうことができる。

説明の程度
　説明がなくても、課題を理解し最後まで取り組むことができる。

慣れ
　見通しのもてる活動であれば、最後まで集中して取り組むことができる。

集団の質
　なじみのある人たちの中であれば、落ち着いて参加することができる。

第5章

デジタル教材とテクノロジーによる支援

1　デジタル化による支援

　2000年頃より、小学校、中学校、高等学校にはパソコンが導入され、その後インターネットや電子黒板が整備され、授業でさまざまに活用されています。また、2020年には、すべての児童・生徒に一人1台のタブレット端末が配られる施策がすすんでいます。

　特別支援学校や特別支援学級には、これらの施策から先んじて、さまざまな情報機器があり、子どもたちの苦手なところを支援しています。

　例えば、大きな画面の電子黒板は、画像が大きく映り、変化も大きいので、視野角が狭かったり、視点が安定しなかったりなど、見えが苦手な子どもたちの助けとなっています。また、絵カードをタッチすると絵の内容が音声で流れるアプリ、残り時間がアニメーションでわかるアプリ、カメラ機能で拡大したり、画像のコントラストを変えたりするアプリなど、子どもたちを支援するさまざまなアプリをタブレット端末で使うことができます。

　さて、2016年に施行された「障害者差別解消法（正式名称：障害を理由とする差別の解消の推進に関する法律）」では、子どもたちのそれぞれの身体機能や認知特性から生じる「困りごと」に合わせて配慮することが、学校、企業、行政などの事業者に求められることになりました。そのため、何度でも同じことを繰り返すことができる、内容の一部を条件に応じて変更（カスタマイズ）できる、複製（コピー）を作ることができる、というデジタルの特性を活かしたデジタル教材が数多く開発され、授業などで活用されています。従来の絵や文字だけではなく、音声や動画を入れたり、字幕を付けたり、文字に振り仮名をつけたり、など多くの子どもたちにわかりやすいように作られています。

　また、現在、紙媒体で供給されている教科書もデジタル化し、児童・生徒のタブレット端末で読めるようにすることが検討されています。

2　デジタル教材のメリットとデメリット

　出版社、教材会社をはじめ、大学や高等専門学校などの研究機関、学校や個人など、デジタル教材はさまざまなところで開発されています。

　例えば、紙の教材にいったん書き込んでしまうと、次に使う人のために書き込みを消さなければなりません。消せないペンなどで書き込みがあると、つくりなおさなくてはいけません。しかし、デジタル教材であれば、書き込んだ所のみ容易に消すことができます。

　色で区別されているカードや具体物の場合、色の組み合わせによっては、判別しにくい子どもたちもいます。しかし、デジタル教材であれば、子どもによって色の組み合わせを変えることもできます。

　このようにメリットもありますが、もちろんデメリットもあります。教材の「手触り」は従来の紙の教材ではないとわかりません。特に体で感じることを大切にさせたい場合には、タブレット端末の画面へのタッチのみになってしまうと、感覚が単調になってしまうでしょう。

　また、いったんデジタル教材になってしまうと変更（カスタマイズ）しにくい、という点も挙げられます。例えば、問題やクイズで間違ったときによく流れる「ブブー」というビープ音が大嫌いで、その音を聞くだけでパニックになってしまう子どもの場合、ビープ音のみを消すことができるかどうかは、デジタル教材の設計時に配慮されているかどうかに関わってきます。

　このように、特別支援教育で普及しつつあるデジタル教材ですが、そのメリットとデメリットを理解したうえで、子どもたちの学習環境の一部として考えましょう。特に、タブレット端末の画面の操作は、「冷たい」「単調」ともとらえられがちですが、意志や考えを言葉で表すことが苦手な子どもたちにとって、表現の手段になります。また、このことは、将来、就労につながる可能性もあります。

3 デジタル教材の開発事例

　タブレット端末がまだそれほど普及していない2011年頃から、特別支援学校の先生からのリクエストを受け、デジタル教材の開発が始まりました。当時、奈良養護学校では、Power Pointを使った「ネコ」のデジタル教材が大人気でした。クリックすると「ネコ」の顔が変化し、鳴き声がする、とうい非常に単純なものでした。同様の構造で、他の動物や乗り物を題材に、絵も鳴き声も自作し、Flash技術でアニメーション化しました。

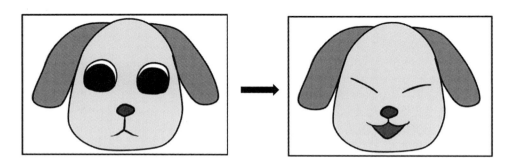

(1) Hさんのケース

　2012年、児童Hさんを対象に、保護者の顔写真2枚と声のデータをいただき、そのHさん専用のデジタル教材を開発しました。クリックすると保護者の顔が変わり、保護者の声が聞こえるものです。Hさんは、見えと身体のコントロールが苦手でしたが、この教材を使ってからは、デジタル教材を見るために顔を上げようとする姿や、クリックするためにビッグスイッチを探そうとする動きを見ることができるようになりました。

(2) Kくんのケース

　2013年、児童Kくんを対象に、本格的なデジタル教材の開発が始まりました。Kくんは、聞こえが苦手で、かつ周りのいろいろなことが気になりすぎ、集中できないという

特性がありました。また、「ビープ音」が大変苦手で、既存のデジタル教材は使うことができませんでした。

この教材では「どっちでしょう？……○○、○○」という声とともに、2つの絵が提示されます。「○○」という音声に合致した絵を選ぶと次の問題が提示されます。間違うと、ビープ音は鳴らずに「あれ？」という声と共に文字が提示されます。いくつか問題が提示されたところで「おしまい」か「もういちど」を選ぶことができます。題材は、担当の先生と相談の上、Kくんにとって身近な「いぬ」「パトカー」「時計」「りんご」「花」としました。また、問題のことばを繰り返したのは、1回では聞きそびれてしまうかもしれないからでした。

教材を繰り返し利用しているうちに、二者択一の問題はすぐにできるようになったため、選択肢を増やしたり、絵柄を変えたりしながら、最終的には6つの選択肢から選ぶことができるようになりました。また、指導内容も同じものを選ぶだけではなく、カテゴリー化し、「仲間を選ぶ」こともできるようになりました。

(3) Sくんのケース

2014年頃からは、中等部Sくんを対象としたデジタル教材を開発し始めました。Sくんは、ことばによるコミュニケーションが苦手、見えているものに応じて体を動かすことが苦手という特性があり、先生、保護者とも相談の上、タブレット端末による意志表出を目標としました。最初、Sくんはタブレット端末があまり好きではありませんでした。しかし、Sくんの好きな家族や友人の写真を提示し、タブレット端末に少しずつ

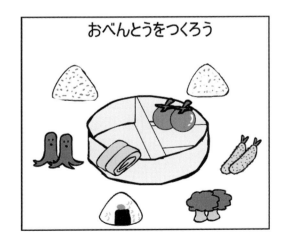

興味をもたせ始めました。「おにぎり」がマイブームだと聞き取ってからは、「おにぎり」をテーマとしました。最初は画面中央に出てくる「おにぎり」をスワイプ（タッチしてスライド）し、移動させるだけのものでした。次に、タブレット端末の4隅に家族の写真を配置し、「家族におにぎりを渡す」という設定をしました。

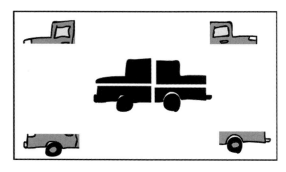

また、「おにぎり」だけではなく、画面に散らばった食べ物をお弁当箱に集める教材も開発しました。この教材で、自分の意志で、「これをここに移動させる」ということができるようになりました。さらに移動する目標をはっきりさせるために、影にかさねる教材を開発しました。分解されたパーツを元に戻すことにより、車やロケットなどが動き出します。

ここまでできるようになれば、あとは既存のコミュニケーションを支援する（VOCA：Voice Output Communication Aid）デジタル教材も使えるようになるでしょう。

これらの教材のほとんどは、Adobe社の「Adobe Flash」（現在は「Adobe Animate」）を使って開発されました。教材が複雑になればプログラミングの知識も必要ですが、基本となる構造があれば、画像や音声のファイルを差し替えるだけです。夏休みに3時間程度の研修を実施し、実際に先生方にもデジタル教材を開発していただきました。

> Flash技術はiOS（Apple社のOS）上では動作しないため、新しい技術であるHTML5に変わりつつあります。開発したデジタル教材も順次HTML5に移行中です（2017年2月現在）。

4　テクノロジーによる支援

技術の進歩に伴い、特別な支援や配慮が必要な子どもたちや人たちへの支援方法が増えてきています。このように困難の軽減や代替を目的とした技術（テクノロジー）のことを、「AT（Assistive Technology）」といいます。

たとえば、東京大学では、脳性まひや脊髄性筋萎縮症などにより重度の障害がある人

の手や体、顔（目や口）の動きを『Kinect for Windows センサー』で検出し、家電やおもちゃ、コミュニケーション機器などのスイッチを操作できる「OAK-Observation and Access with Kinect」を開発しました。体に装着することがないため、自然な動きができます。また、データを記録し、蓄積することができますので、人間の目ではわからなかった細かい動きやパターンなどを分析することもできます。

　また、コンピュータによるデータの分析においては、「機械学習」「深層学習」という新しい手法が実現されています。これは、人間のようにデータから一般的な法則を見つける手法ですが、コンピュータではより多くのデータを扱えることが特徴です。すでに実現されている例としては、ネットショッピング中に、過去の購買履歴やほかの客の購買状況から商品をすすめられたり、飲食店において、過去の売り上げ、天候などから食材の仕入れの予測をしたりすることなどが挙げられます。

　画像データからも同様に分析することにより、2015年にはマイクロソフト社が「How old do I look？（私は何歳に見える？）」というサイトを立ち上げました。写真の中の人物の目、鼻、口などの位置を検出し、年齢を推測するというものです。このテクノロジーは表情により感情を推測することもでき、近い将来、見えが苦手な人たちの支援ができるようになるでしょう。また、自動車の自動運転への応用も検討されています。

　このように、デジタル化やテクノロジーは、苦手なところを支援したり、代替したりする可能性があります。長年困っていたことが解決するかもしれません。既存の教材や学習環境の良いところ、デジタル化やテクノロジーで支援できるところを見きわめながら、すべての子どもたちが楽しく学べる環境を作っていきたいと願っています。

第6章

教材共有ネットワークとの連携

1 教材共有ネットワークについて

　教材共有ネットワークは、発達支援に関わる情報を共有するためのサイトです。誰でも情報を得て、誰でも情報を発信することができます。障害のある子どもたちの発達支援に役立つ情報を共有し、子どもたちの学習や生活の充実に役立てることができればとの思いで開設いたしました。

　役立ち情報の基本は、学習のための教材情報です。数多くの教材がデータとして収録されていますが、発達の状態や自立活動の6区分、課題領域やキーワードでの検索が可能です。必要な教材を効率的に探すことができるのも、このサイトの大きな特徴になっています。

　発達段階に応じて教材を整理していくためには、一定の発達に関する考え方で統一する必要があります。ここでは、感覚と運動の高次化理論（宇佐川，2007）を採用しています。この理論は淑徳大学発達臨床研究センターでの教材を用いた長年の臨床実践の中

でまとめられたものです。詳細については別記します。

　教材の多くは身近なもので作るアイディア教材ですが、プリント教材のデータやWindowsタブレットなどで活用しやすいフラッシュ教材も多数紹介しています。特にフラッシュ教材は、畿央大学と奈良養護学校の共同開発によるものです。ダウンロードして使ってください。

　より広く情報を共有していくために、会員制を取り入れています。教材検索は自由にできますが、教材の投稿や情報交換については、健全で安心できるサイト維持のために会員登録をお願いしています。登録の際には注意事項を明記し利用許諾の確認が必要となります。審査のようなものはありませんが、メールアドレスの確認が必要となります。このアドレスが公開されることはありません。

2　教材共有ネットワークの使い方

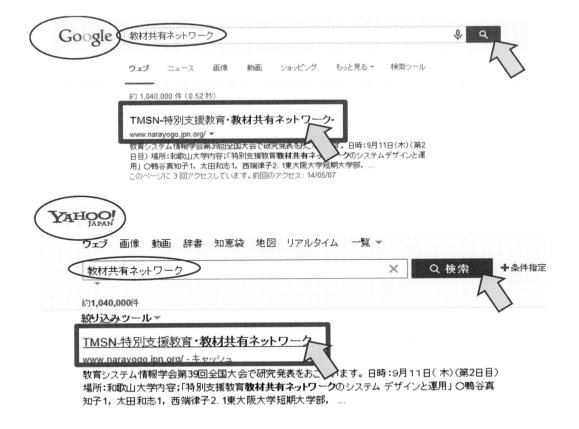

(1) 教材共有ネットワークのサイトを見つけよう

　最も簡単な方法は、「教材共有ネットワーク」あるいは「TMSN」で検索することです。どの検索サイトから検索しても、一番最初に表示されると思います。「TMSN 特別支援教育・教材共有ネットワーク」という表示が現れますので、そちらをクリックしてください。

(2) 会員登録をしてみよう

　トップページが表示されましたら右上の隅をご覧ください。「新規登録｜ログイン」という表示があります。ここにある新規登録をクリックすることで会員登録の表示が出てきます。

　会員登録の表示画面です。会員としてサイトに入るときに入力するのがログイン ID とパスワードです。左のログイン画面で入力してサイトに入ることになります。ログインID は他に出ることはありません。4 文字以上の英数字になります。日本語は使用不可です。覚えやすい文字設定がいいかと思います（例：asdf123 や kakikukeko）。

　ハンドルは、サイト内で表示される自分を表すものです。

　ニックネームのようなものです。4 文字以上の英数字でお願いします（例：teruteru）。

　パスワードも 4 文字以上の英数字です。間違い防止のため 2 回入力をお願いします（例：oko1）。

　会員氏名は、本名でお願いします。

公開されることはありません。公開を希望したり、公開してもよい場合は「公開する」のチェックボックスにチェックを入れてください。eメールにはメールアドレスを入れます。フリーメールでも結構です。

　携帯の場合はパソコンからの受信ができる設定でお願いします。

　ここも間違い防止のため2回入力することになります。

　プロフィールは任意です。よろしければ自己紹介をお願いします。利用許諾は説明文を確認の上、「私は上記事項に同意します」にチェックを入れてください。決定をクリックして終了です。

　この時点で管理者に入会受付の情報が届きます。管理者により記載されたアドレスへメールが配信されます。そのメールに記載されている通りに1ヵ所クリックしていただければ、確認が終了し登録は終了となります。

　終了後は、右上隅の「新規登録」のとなりにある「ログイン」をクリックすると左のような画面が出てきます。

　登録したログインIDとパスワードを入力し、ログインをクリックすると、会員としてサイトを開くことができます。

　オンライン状況では、現在このサイトに入っている一般のユーザー（オンラインユーザー）と会員のユーザー（ログインユーザー）の数を見ることができます。

　会員登録し、ログインすることで、ログインユーザーの所の数字が増えることになります。

　また、AccessCountには、公開以来のアクセス数が表示されています。

ログインをしないで、Flash教材の検索のように会員登録が必要なページを開こうとすると次のようなメッセージが表示され、次にログイン画面が表示されます。情報発信をしたり、プリント教材を利用したりするには、ログインが必要となります。ぜひ、これまでの手順で操作し、会員登録をお願いします。

(3) 教材を検索してみよう

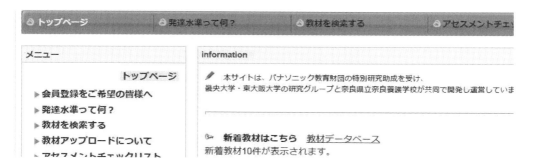

アイディア教材の検索は、会員登録がなくても可能です。メニューにある「教材を検索する」をクリックしていただけば、教材の検索画面が出てきます。教材検索の画面で▶をクリックすると下のように選択項目が出てきます。自立活動6区分についても同様

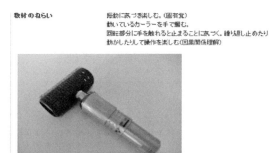

です。検索したい項目をクリックすると下に検索に該当する教材が表示されます。

表示された教材では、データの一部しか表示されていません。より詳しくデータベースの内容を見るためには、右下の隅にある「詳細を表示」をクリックします。そうするとデータベース全体が表示されます。

データベース全体は、このような表示になります。教材の発達水準やねらい、作り方などが表示されます。

説明としては、写真が3枚登録できるようになっており、それぞれの写真に対するコメントの形で説明文がつけられています。

教材の検索については、発達水準だけでなく、自立活動の6区分や課題領域、キーワードなどでも検索することができます。

また会員になりますと、教材をアップロードすることもできます。

第6章　教材共有ネットワークとの連携　　139

教材検索 (23件中 1 - 10件目)

　玉並べ - takahashi - 2014/01/17 22:26:09

　二つ穴のボタン挿し - takahashi - 2014/01/18 18:08:36

　ムービングボール - takahashi - 2014/01/22 14:45:46

　感触2個ボール - takahashi - 2014/01/22 14:48:36

　ブラ鈴 - takahashi - 2014/01/22 14:59:27

　ストロー通し - tomiyama - 2014/01/23 16:59:03

　台付き串さし - tomiyama - 2014/01/23 17:53:44

　ピンポン玉ツリー - tomiyama - 2014/01/23 18:02:43

　電池入れ単3単4 - higasi - 2014/02/03 12:53:39

　持って串さし - higasi - 2014/02/03 13:18:29

キーワードを入れて検索をクリックすると該当する教材が下のように表示されます。

(4) 教材をアップロードしてみよう

　教材をアップロードするには、メニューの所から「教材を検索する」を選択クリックします。すると教材データベースの検索画面が出てきますので、そこにある「教材をアップロードする」をクリックするとデータベース記入画面が出てきます。

アップロードする事前準備として、写真を分かりやすいフォルダに入れておきます。写真の大きさは自動調整されます。

　データベースの記入画面です。教材検索画面にある「教材をアップロードする」をクリックすると左のような画面が出てきます。

　そこに順に入力していきます。

　発達水準や課題領域については、判断が難しかったりわかりにくい場合、「管理者に任せる」にチェックしてください。

　教材のねらいは、この教材を使ってどんなことを学習させようとしているのか、どんな学習に使えるのかなどについて記載してください。簡単でも結構です。

　作り方については、再現して作る場合参考となるように記載してください。わかる範囲、書ける範囲で結構です。画像を入れる場合は、「参照」をクリックしていただき、下にある「アップロードするファイルを選択」という画面を開き、該当する画像を開きます。

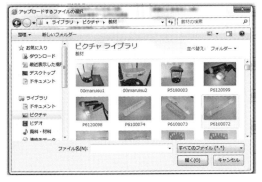

説明の部分はその画像に関するもの或いは教材の使い方などを記入してください。画像は３点入れることができ、それぞれに説明を記入できます。キーワードは、材料や使い方など特徴的事項を入れてください。すべて必須記入事項ではありませんが、記入したいコメントや参考となるホームページなどがあればお願いします。連絡先や担当者の記入についても任意です。最後に「決定」をクリックして入力終了となります。

（5）　アセスメントチェックリストの活用

　メニュー画面からアセスメントチェックリストをクリックすると左のような画面が出てきます。

　コミュニケーションや動作チェックリストなどもありますが、ここでは主に認知面を課題としますので、認知発達チェックリストを選択します。

　このようなチェックリストが PDF ファイルで出てきます。これをプリントアウトしてチェックしていきます。チェック項目の内、８割ができていればその発達水準はクリアとなります。チェックを続けていくと大まかな発達水準が見えてきます。

アセスメントチェックリスト

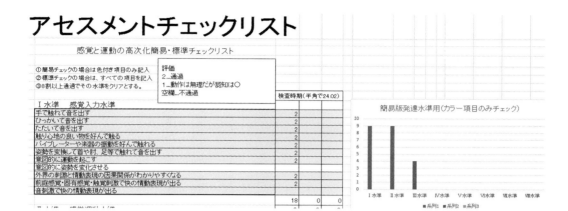

　このチェックリストは淑徳大学発達臨床研究センターにて故宇佐川浩先生によってつくられたものです。発達水準を開設したページに記載されている書籍を参考にしてください。

　簡易版発達水準チェックリスト（Excel版）をクリックするとチェックリストのエクセルファイルがダウンロードできます。指示に従ってチェックを進めていくと結果がグラフ化されて表示されますので水準を考えるときの目安になります。

　こうしたアセスメントチェックリストを利用して発達水準を調べ、それに応じた教材を検索し、その中で子どもに使えそうなものを使ってみるという流れになります。

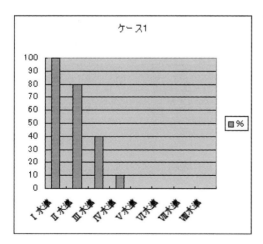

小学部3年　女児

Ⅱ－Ⅲ水準

視線・表情・声・手の動きで自分の思いを表現できる。
好きな活動以外には興味を持ちにくい。
座位は可能だが姿勢は崩れやすい。
手先にも緊張が強く、細かな操作は難しい。
特に好きな歌があり、自分で操作して繰り返し聞くことができる。

第6章　教材共有ネットワークとの連携　143

選択された教材　→　動作と音の因果関係理解につながるような教材

奈良養護学校のHPより　　　　　　　　　教材共有ネットワークより

(6)　発達水準に合わせた教材選択

　おおよその水準が分かれば、教材共有ネットワークや奈良養護学校のホームページより、該当する教材を検索することができます。

(7)　発達水準について

　発達段階ということばはよく耳にしますが、発達水準ということばはあまり一般的ではありません。このことばは、淑徳大学宇佐川浩先生がまとめられた「感覚と運動の高次化理論」の中で、個々の発達の流れや順序性を表すときに使われています。発達年齢を算出するものではなく、現状について発達の流れの中で評価されます。4層8水準に分かれていますが、ここでは8水準の簡単な特徴について記載されています。詳しくは学苑社から出版されています感覚と運動の高次化理論の書籍を参考にしてください。

　また淑徳大学では、毎年8月の第1土・日曜日に発達臨床研修セミナーを開催しています。秋には池袋のサテライトキャンパスにて感覚と運動の高次化理論の研修セミナーがあります。淑徳大学の発達臨床研究センターへ問い合わせてみてください。

教材共有ネットワークの中にも簡単な説明があります。

発達水準

Ⅰ水準－感覚入力水準（感覚活用等）
最も初期の段階です。感覚と運動がつながる前で、感覚も運動もそれぞれが独自にしっかりと活用できるようになることが課題で、それらがしっかりしてくると、次第につながりが生まれてきます。この時期、過剰な感覚刺激は、外界への気づきや興味の拡がりを抑制する傾向があります。弱い刺激をいかに感じることができるかということも大切になります。

Ⅱ水準－感覚運動水準（因果関係理解等）
感覚と運動をつなげてくる時期です。「ガラガラ」を振ると音が聞こえてくることに気づいたり、「ガラガラ」の音を聞きたくて振って音を楽しんだりします。感覚と運動をしっかりつないでいくためにも余分な刺激を少なくするなど環境を整備し、本人の気づきを促していくようなかかわり方が必要となります。振ると鳴るなど自分の行為と結果の因果関係を理解していく時期です。

Ⅲ水準－知覚運動水準（始点と終点の理解・目と手のつながりの芽生え等）
行動の始まりと終わりが理解できるようになることで、「できた」という達成感が生まれてきます。それが次の目的的行動へとつながっていくため、今後の発達の基盤として重要となる。手の操作機能も発達し、複雑な動作や操作にも拡がっていく。目で確認しながら操作する様子が見られるようになってくる時期です。

Ⅳ水準－パターン知覚水準（特徴を捉えた代表性の理解と弁別や模倣の始まり等）
感覚により細かな運動調整をしはじめる時期です。見分ける力・聞き分ける力が育ち、簡単な弁別ができるようになり、初期的な概念化が始まります。いくつかの中から同じものを探したり、二分割絵の合成や簡単な図地弁別ができたりするようになります。即時模倣はまだ難しいですが、パターン的に覚えた動作であれば、同時に行うこともできるようになります。具体物や絵カードを使った伝達が実用的にできるようになってきます。

(8) 特別支援教育 Q&A

　メニューにある特別支援教育 Q&A を開くと、難しい場合の具体的対応についてQ&A の形でまとめられています。すべてに当てはまるようなことはありませんが、考えるときの参考としていただければと思います。「回答を読む」をクリックしてもらうと表示されます。

Q&A（1）
心理（行動）的調整を促すための教材教具および活動にはどんなものがありますか？

　日常生活の中で、子どもたちはいろいろな状況を経験していきます。何もかも自由な世界であれば、さほど問題にはならないかもしれませんが、状況に応じた行動を求められることも多々あります。うまくできないときに、難しい子どもとなったり、極端な場合には問題行動となることもあります。私自身は、大きく二つに分けて考えています。一つは、状況がわかったとしてもそれをうけいれられない、或いはわかってても自分の思いが優先されてしまうようなケースです。もう一つは、状況の理解そのものが不十分であったり、間違えて理解してしまって、うまく対応できないケースです。

　ここでは、前者の「気持ちや行動をうまく調整できないケースについての取り組み」についてまとめます。簡単に言えば少しずつ我慢することを覚えていくようなことです。ケースや課題によっては、3ヶ月位で、変化が見られるようなこともありますが、難しいケースでは、1年近くかかる場合もあります。何よりも、焦らず、1回1回を丁寧に取り組むことを心がけています。

　行動調整が難しい（椅子に座れない、話を聞けない、衝動的に行動する）子どもの場合、生活全般の中で対応していくことが必要になりますが、現実には難しいことも多いと思います。日々の対応を補助的に補うために、時間をとってトレーニングすることも必要なことと考えます。

　行動調整のトレーニングですので、何らかの行動を題材として設定します。その際のポイントとしては、次のようなことが考えられます。

1. 課題が単純でわかりやすいこと。何をするのかを理解するのに時間をとられるとうまく展開できなくなるケースが多いように思います。
2. 簡単な作業の繰り返しがあり、その一つ一つにちょっとした達成感があるようなこと。
3. 終わりの見通しが持ちやすいこと。先が見えない不安もあり、どこまでがんばればいいのかもわかりにくいと、行動調整が難しくなります。
4. 関わり方としては気持ちのテンションを上げないように気をつける必要があります。そのためには、自分のテンションを低く維持することが必要です。
5. 作業の間に余分なインターバルはとらないで、淡々と進んでいくような印象が大切です。
6. 慣れてきたら、課題を少し難しくしたり、作業量を増やしたりといった段階的な対応が必要になると思います。
7. 完了したらがんばりを本人に分かるように誉めてあげましょう。休憩やストレスの発散は必要ですが、やや少なめにしておくことがポイントです。

＜具体的活動及び教材例＞
　自分の気持ちをそこどめておくような心理的調整を促す指導としては、いろんな場面でなされるべき事ですが、そのことを目的としたトレーニングとして、取り組んできたことを紹介いたします。

（1）椅子に座って作業する活動
　椅子に座る、そこに止まることが目標となります。椅子に座ることが難しいケースも多いです。何のために座るのか、どうして座らないといけないのかという思いが子どもの中にはあるのではないかと思っています。何もないのに、ただ椅子に座るというだけの練習は、特別なケースを除いて行っていません。

(9) 会員ルームについて

会員登録をしてログインするとメニュー画面に会員ルームが表示されます。

会員コミュニティには、教材ディスカッションルームや何でも情報交換ができるみんなの広場が設置されていて、いろいろ意見交換することも可能です。

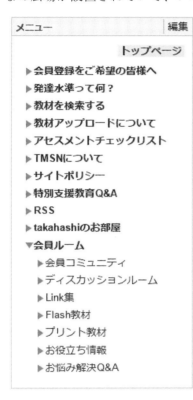

Flash教材にはWindowsで動く自作のパソコン教材が、紹介されています。多くは実際に使いながら畿央大学との共同研究の中で作られてきたものです。会員になることで、ダウンロードして自由にお使い頂けます。とてもシンプルなものですが、それが逆にわかりやすさにもつながっていると思います。

あとがき

　平成29年度が始まる4月は例年より桜が遅く、満開の桜の元での入学式となりました。
　奈良養護学校でも小学部、中学部、高等部ともに新入生を迎え、新たな年度のスタートを切りました。「よりよく生きていくための力を育てる」を学校の教育目標とし、そのための「確かな学びを育む授業づくり」をテーマとした取り組みが今年も始まりました。すべての子どもたちの健やかな成長と発達をめざし、子どもの実態とニーズに応じた教育活動を進めていくことが特別支援学校の大きな役割と考えています。
　共生社会の実現をめざすインクルーシブ教育が進められ、確かな力につながるキャリア教育の考え方が広く学校教育の中で浸透しています。どちらも英語を使っているために、どのようなものなのかイメージしにくい面もありますが、根本理念としては、個々の生き方を大切にし、みんなで助け合っていくことで実現できる共生社会の実現を目指したものと考えています。
　教材データベースは、奈良養護学校の教育を充実させるために考案されたものですが、それは発達支援を必要とする多くの子どもたちの学びにつながるものであり、そういう情報を共有していくことで、全体として共生社会の実現に展開していくものであると考えています。インターネットやSNSが生活の中に身近なものとして定着し、ごく当たり前のようにさまざまな情報を取り入れ活用していくことのできる社会となっています。その情報の発信源の一つとして、教材共有ネットワークが活用されるようになり、多くの子どもたちの発達支援に役立つものになってくれることが、このサイト作りに関係してきた仲間たちの願いであります。
　実際にはこのサイトを維持し、充実させていくことは簡単ではないと思います。さまざまな立場の方々の協力により使いやすくわかりやすいもの、役立ちサイトへと進化していくものです。今回のこの本を通して、教材共有サイトの目的や意味、内容を整理することができ、多くの方に伝えていくための方策について整理することができました。その整理のための基本的な考え方として「感覚と運動の高次化理論」に出会えたことが幸運であったと思います。理論をまとめられた故宇佐川浩先生を始めとする淑徳大学発達臨床研究センターの池畑美恵子先生や長洞萌美先生、奈良養護学校での研修を快くお引き受けいただいた恩田智史先生（当時）など多くのスタッフの方々に心より感謝申し上げます。
　教材共有ネットワークのサイト開発にご尽力いただきました、畿央大学の西端律子先

生、東大阪大学短期大学部の故太田和志先生、鴨谷真知子先生（当時）にも心より感謝申し上げます。皆さんの支えがなければとても実現できないものでした。
　そして最後に、滞りがちな原稿作成に根気よくお付き合いいただきました学苑社の杉本哲也様、本当にありがとうございました。
　多くの方々に感謝の気持ちを添えて、あとがきとさせていただきます。

　平成29年4月

高橋　浩

著者紹介

奈良県立奈良養護学校［編集］
昭和54年、奈良県で2校目の肢体不自由養護学校として設立され、現在は病院への訪問教育を行う病弱部門と通学の肢体不自由部門がある。スクールバスが3台で在校生が100名程の規模であり、奈良県北部が校区となっている。奈良市南部に位置し、薬師寺や唐招提寺が近くにあり、周囲はのどかな田園地帯となっている。

高橋　浩（たかはし　ひろし）［まえがき、第1章、第2章、第4章、あとがき］
一般社団法人大和伸進会関西発達臨床研究所所長

藤川　良純（ふじかわ　よしずみ）［第2章］
奈良県立奈良養護学校

西端　律子（にしばた　りつこ）［第5章］
畿央大学教育学部教授、Microsoft MVP for Windows and Devices for IT（2016-）

太田　和志（おおた　かずし）［第6章］
元東大阪大学短期大学部准教授、東大阪大学情報教育センターセンター長

鴨谷　真知子（かもたに　まちこ）［第6章］
元東大阪大学短期大学部助教、東大阪大学情報教育センター所属
現在、神戸芸術工科大学非常勤講師、畿央大学現代教育研究所客員研究員、クリエイター
（Cross Media +Design）

寺田　みずき（てらだ　みずき）［第3章］
奈良県立奈良養護学校

深田　竜一（ふかだ　りゅういち）［第3章］
奈良県立奈良養護学校

磯野　愛乃（いその　あいの）［第3章］
奈良県立奈良養護学校

藤原　啓子（ふじわら　けいこ）［協力］
一般社団法人大和伸進会関西発達臨床研究所

装丁　有泉　武己

誰でも使える教材ボックス
教材共有ネットワークを活かした発達支援　　　　　　　　　Ⓒ2017

2017年 7月25日　初版第1刷発行
2019年11月10日　初版第3刷発行

　　　　　　　　　　編　者　奈良県立奈良養護学校
　　　　　　　　　　著　者　高橋　浩　　藤川良純
　　　　　　　　　　　　　　西端律子　　太田和志
　　　　　　　　　　　　　　鴨谷真知子
　　　　　　　　　　発行者　杉本哲也
　　　　　　　　　　発行所　株式会社　学　苑　社
　　　　　　　　　　東京都千代田区富士見2-10-2
　　　　　　　　　　電話(代)　03（3263）3817
　　　　　　　　　　fax.　03（3263）2410
　　　　　　　　　　振替　00100-7-177379
　　　　　　　　　　印刷　藤原印刷株式会社
　　　　　　　　　　製本　株式会社難波製本

検印省略　　　　　　　乱丁落丁はお取り替えいたします。
　　　　　　　　　　　定価はカバーに表示してあります。

ISBN978-4-7614-0792-6　C3037

障害児の発達臨床 I
感覚と運動の高次化からみた子ども理解

宇佐川浩 著●A5判／本体2800円＋税

子どもたちが示す行動の発達的意味を問いつつ、つまずいている発達要因間の絡みや、その発達プロセス、感覚と運動の高次化発達水準について、事例や写真等を多用し解説。臨床アセスメントの重要性とともに、検査法を超えた多様な理解の仕方についても、事例を提示しつつ論及する。

障害児の発達臨床 II
感覚と運動の高次化による発達臨床の実際

宇佐川浩 著●A5判／本体2800円＋税

認知、自己像、情緒、模倣、コミュニケーションといった基礎的な発達を支える発達臨床の問題や、自閉症児・軽度発達障害児に対する感覚と運動の高次化アプローチからみた支援と臨床論、さらに教材・教具論、個別・集団臨床論、音楽療法、家族支援といった枠組みも、包括的に検討してある。

発達支援実践塾
▼開けばわかる発達方程式

木村順・川上康則・加来慎也・植竹安彦 編著●A5判／本体1500円＋税

基礎編、解説編、実践編に分け、「感覚統合理論」と「感覚と運動の高次化理論」の視点から、子どもの発達支援を解説。

発達支援実践講座
▼支援ハウツーの編み出し方

木村順 著●四六判／本体1500円＋税

ハウツー本には書かれていない指導法を編み出す視点が解説されている。実践力アップまちがいなしの白熱講座！

実践家（教師・保育者・支援者）へのメッセージ

〈発達のつまずき〉から読み解く支援アプローチ

川上康則 著●A5判／本体1500円＋税

27の具体的な子どもたちの姿を取り上げ、つまずきのサインの読み解き方と、指導や支援の具体的な方向性を示す。

子どもに優しくなれる感覚統合
▼子どもの見方・発達の捉え方

石井孝弘 著●A5判／本体2000円＋税

感覚統合について身近な事柄・事例に置き換えながらわかりやすく解説。子どもの笑顔を増やすための工夫が学べる。

言語・コミュニケーション発達の理解と支援
▼LCスケールを活用したアプローチ

大伴潔・林安紀子・橋本創一 編著●B5判／本体2800円＋税

子どもの発達に沿ったLCスケールの具体的な活用方法を詳細に解説。子どもに合った効果的な支援につなげるための1冊。

アセスメントにもとづく学齢期の言語発達支援
▼LCSAを活用した指導の展開

大伴潔・林安紀子・橋本創一 編著●B5判／本体2800円＋税

言葉に課題のある学齢児を想定し、LCSAを用いて支援の方向づけを行い、それにもとづく指導の方法を具体的に解説。

〒102-0071 東京都千代田区富士見2-10-2　学苑社　TEL 03-3263-3817（代）FAX 03-3263-2410
https://www.gakuensha.co.jp/　info@gakuensha.co.jp